BACCALAURÉAT ÈS LETTRES
(PREMIER EXAMEN)
RHÉTORIQUE

RECUEIL DES SUJETS

DE

COMPOSITION FRANÇAISE

DONNÉS

A LA SORBONNE

AUX EXAMENS DU BACCALAURÉAT ÈS LETTRES

(PREMIÈRE PARTIE)

DE 1881 A 1885

AVEC DES PLANS ET DES DÉVELOPPEMENTS
POUR LES SUJETS DE 1884 ET DE 1885

PAR

A. et L. GASC-DESFOSSÉS

Licenciés ès lettres

PARIS

CROVILLE-MORANT ET FOUCART

Éditeurs

20, RUE DE LA SORBONNE, 20

(En face de la Sorbonne)

1886

A LA MÊME LIBRAIRIE

Recueil de toutes les versions latines données à la Sorbonne en
1883 et 1884, pour lesquelles les candidats n'ont pu faire usage que des
lexiques autorisés.

Textes . . . . 1 fr. 50 | Traductions . . . . 1 fr. 50

LIBRAIRIE CROVILLE-MORANT ET FOUCART

20, Rue de la Sorbonne, PARIS

PUBLICATIONS PÉRIODIQUES
ET
OUVRAGES POUR LA PRÉPARATION DES EXAMENS

JOURNAL DES EXAMENS DE LA SORBONNE
PARTIE COMPRENANT LES
ÉPREUVES ÉCRITES & ORALES DU BACCALAURÉAT ÈS LETTRES

La publication, commencée en 1860, paraît tous les jours pendant les sessions d'examens par numéros de 4 pages in-8.

Depuis l'application des programmes de 1880 et de 1885, chaque numéro concernant le

PREMIER EXAMEN : RHÉTORIQUE

est publié le lendemain de chaque oral et contient :

Un sujet de **composition française**, un **texte de version latine** avec un modèle de **traduction** emprunté aux auteurs les plus estimés, un **thème anglais et allemand** avec les corrigés faits par un Professeur agrégé de l'Université pour l'enseignement des langues vivantes, des questions posées à l'oral et les **noms des élèves reçus**. L'ensemble des sujets de composition reproduits sur chaque feuille constitue toutes les épreuves écrites des candidats d'une même série.

La disposition des pages permet de supprimer facilement la partie relative aux corrigés et de conserver les textes seuls pour le travail des élèves.

ABONNEMENTS :

Pour la session de juillet.	3 »
Pour la session de novembre . . .	3 »

VENTE

A la fin des sessions, on réunit tous les numéros parus pour former des collections complètes. Elles sont mises en vente aux prix ci-dessous pendant l'année 1886 :

	1885	1884	1883	1882	1881	Années antérieures à 1881
Juillet .	4.20	4.20	2.70	épuisé	épuisé	2 »
Novembre .	3.40	3.40	2.40	2.55	2 »	2 »

Une remise de 25 pour 100 est accordée sur le prix de quatre collections prises ensemble.

Huit collections prises ensemble, ou plus, donnent droit à une remise de 50 pour 100.

Les numéros isolés sont vendus 0.20 cent. franco en dehors des sessions.

RECUEIL DES SUJETS

DE

COMPOSITION FRANÇAISE

DONNÉS

A LA SORBONNE

AUX EXAMENS DU BACCALAURÉAT ÈS LETTRES

(Première partie)

DE 1881 A 1885

A LA MÊME LIBRAIRIE

RECUEIL DES SUJETS

DE

COMPOSITION FRANÇAISE

DONNÉS

A LA SORBONNE

AUX EXAMENS DU BACCALAURÉAT ÈS LETTRES

(PREMIÈRE PARTIE)

DE 1881 A 1885

AVEC DES PLANS ET DES DÉVELOPPEMENTS

POUR LES SUJETS DE 1884 ET DE 1885

PAR

A. et L. GASC-DESFOSSÉS

Licenciés ès lettres

PARIS

CROVILLE-MORANT ET FOUCART

Éditeurs

20, RUE DE LA SORBONNE, 20

(En face de la Sorbonne)

1886

Le décret du 19 juin 1880, dont l'application remonte à juillet 1881, prescrit une *composition française sur un sujet de littérature ou d'histoire*, parmi les épreuves écrites de la première partie du Baccalauréat ès lettres.

Le développement de tous les sujets proposés de 1881 à 1885, par la Faculté des lettres de Paris, aurait fait prendre à ce volume une étendue que nous ne voulions pas lui laisser atteindre. Aussi nous sommes-nous bornés, pour nos développements ou nos plans, aux devoirs donnés par la Sorbonne pendant les deux dernières années, en 1884 et en 1885.

Nous indiquons tous les textes des sessions de 1881, 1882 et 1883, renvoyant pour les plans des compositions de ces trois années à l'excellent ouvrage de M. Condamin *.

(NOTE DES ÉDITEURS).

* J. CONDAMIN, docteur ès-lettres. *La composition française du Baccalauréat*, conseils et plans synoptiques pour traiter les principaux sujets proposés par les Facultés en 1881, 1882 et 1883. 1 fort vol. in-8° de 604 pages, Paris, librairie Croville-Morant et Foucart, 6 fr.

PREMIÈRE PARTIE

TEXTES DES

COMPOSITIONS FRANÇAISES

DONNÉES A LA SORBONNE EN 1881, 1882 ET 1883

HISTOIRE LITTÉRAIRE

La tragédie chez les anciens, ses origines et ses principaux représentants. (7 août 1883).

De la poésie lyrique chez les anciens et chez les modernes. Citer des exemples. (8 novembre 1881).

Expliquer par l'histoire de la poésie latine ce vers d'Horace : *Nil intentatum nostri liquere potœ.*
(12 novembre 1883).

Que savez-vous des chansons de geste ?
(9 août 1882).

Que savez-vous des mystères représentés au moyen âge ? (25 juillet 1883).

Les principaux satiriques français.
(13 novembre 1882).

Quels sont les caractères généraux de la réforme entreprise dans la poésie au xvie siècle, par Ronsard et la Pléiade ? (24 juillet 1883).

Faire un tableau sommaire de la littérature française au xvie siècle. (20 novembre 1882).

Quels sont les caractères généraux de la réforme accomplie dans la poésie française par Malherbe ?

(31 juillet 1883)..

Quels sont les écrivains qui ont le plus contribué à fixer la langue française ? (16 août 1882).

Tracer le tableau du progrès de la littérature française sous le règne de Louis XIII. (17 août 1881).

Les lettres françaises sous le cardinal de Richelieu.

(3 novembre 1882).

Marquer les périodes de la littérature au xviie siècle et en décrire les caractères généraux.

(3 novembre 1881).

Donner une idée de la querelle du *Cid*.

(27 juillet 1881).

Quels sont les plus grands prosateurs du xviie siècle ? Caractériser brièvement les différences de leur style.

(18 novembre 1882).

Du genre épistolaire. — A quelle époque a-t-il fleuri de préférence en France ? Pourquoi semble-t-il menacer de disparaître au siècle prochain ?

(6 novembre 1882).

Faire le tableau de la carrière littéraire de Bossuet.

(12 novembre 1881).

Des relations de Louis XIV avec les écrivains de son règne. (29 novembre 1881).

Les moralistes au xviie siècle (10 août 1883).

De l'état des arts sous le règne de Louis XIV. Quels grands artistes ont fleuri ? Quels monuments se sont élevés ? (10 novembre 1882).

Comparer l'état de la littérature française à la paix de Nimègue (1678) et à la mort de Voltaire (1778). Où y avait-il progrès, et où y avait-il décadence ?

(14 novembre 1882).

Quels sont les plus grands écrivains en prose du XVIIIe siècle, leurs principaux ouvrages et leur mérite ?

(7 novembre 1881).

DISSERTATIONS LITTÉRAIRES ET ANALYSES

Étude sur les héros d'Homère, leur portrait, leur caractère, leurs actions.   (6 novembre 1883).

Comparer entre eux les trois tragiques grecs.

(30 juillet 1881).

Quelles sont les principales différences entre la tragédie grecque et la tragédie française classique ?

(10 août 1881).

Appliquer à Démosthène, en la confirmant par des exemples, cette définition du véritable orateur : Il pense, il sent, et la parole suit.   (10 novembre 1883).

Plutarque eut pour maîtres le médecin Onésicrate, le rhéteur Emilianus, le philosophe Ammonius. Avantages de cette éducation confiée à un médecin, à un rhéteur et à un philosophe. Quels services chacun d'eux pouvait-il rendre à son disciple ?   (7 novembre 1883).

Du genre épistolaire et des qualités qui lui conviennent. Exemples anciens et modernes à l'appui.

(2 août 1883).

Pourquoi l'*Enéide* de Virgile est-elle regardée comme un poème national chez les Romains ?

(14 novembre 1881).

Décrire le caractère d'Énée dans Virgile.

(28 novembre 1881).

Apprécier la réforme apportée par Malherbe dans la langue et la versification françaises.

(15 novembre 1882).

Pourquoi a-t-on comparé Corneille et Sophocle?
(10 novembre 1881).

De la vérité des mœurs chevaleresques peintes dans le *Cid*, de Corneille. (11 août 1882).

Que savez-vous sur les pièces romaines de Corneille ?
(3 novembre 1883).

De la vérité des mœurs antiques peintes dans *Horace*, de Corneille. (7 août 1882).

Comparer le rôle d'Emilie dans *Cinna* et celui de Chimène dans le *Cid*. (9 novembre 1881).

Auguste dans l'histoire, Auguste dans *Cinna*.
(3 août 1882).

Comparer le rôle du père dans le *Cid* et dans *Polyeucte*. (4 novembre 1881).

Apprécier le rôle de Sévère dans *Polyeucte*.
(14 août 1882).

Qu'entend-on lorsqu'on dit que les personnages de Corneille raisonnent trop? (13 août 1881).

Parmi les tragédies de Corneille, quelle est celle que vous préférez et pour quelles raisons?
(25 octobre 1881).

Portrait de Blaise Pascal d'après ses écrits.
(17 novembre 1881).

L'*Art poétique* de Boileau; ses divisions principales et ses préceptes généraux. (27 octobre 1883).

Exposer et discuter les théories développées par Boileau dans le deuxième chant de l'*Art poétique* sur le poème épique. (4 août 1882).

Exposer et apprécier les préceptes de Boileau sur l'épopée. (16 novembre 1882).

En quoi La Fontaine est-il différent des fabulistes qu'il a imités ? (3 août 1883).

Du caractère du Lion dans les fables de La Fontaine.
(10 août 1882).

Rôle du Renard dans les fables de La Fontaine.
(10 août 1881).

Pourquoi Boileau a-t-il pu dire à Louis XIV que Molière était le plus grand écrivain du xviiᵉ siècle?
(11 novembre 1882).

Expliquer l'épitaphe de Molière par La Fontaine :
Sous ce tombeau gisent Plaute et Térence,
Et cependant, le seul Molière y gît.
(24 juillet 1882).

Aimeriez-vous mieux vivre avec Alceste ou avec Philinte ? (7 novembre 1882).

Faire connaître les tragédies grecques qui ont été imitées par les grands tragiques français.
(27 juillet 1882).

Qu'est-ce que Racine a emprunté au théâtre grec?
(8 août 1883).

Que pensez-vous des tragédies romaines de Racine ?
(5 novembre 1883).

Est-ce à bon droit qu'on a blâmé Racine d'avoir peint quelquefois les hommes et les mœurs de son temps sous des noms et dans des cadres grecs ou romains?
(27 juillet 1883).

Des trois unités dans *Britannicus*.   (12 août 1882).

Décrire le rôle d'Achille dans l'*Iphigénie* de Racine.
(30 novembre 1881).

Du rôle d'Agamemnon dans l'*Iphigénie* de Racine.
(9 novembre 1882).

Comparer le rôle de Narcisse dans *Britannicus* et celui de Mathan dans *Athalie*.   (1ᵉʳ août 1881).

Corneille et Racine, poètes comiques.   (4 août 1883).

1.

Les principales tragédies religieuses au xviie siècle.

(27 octobre 1882).

Montrer par quelques exemples comment sont composées les Oraisons funèbres de Bossuet.

(25 juillet 1882).

Par quelles causes s'expliquent, à votre sens, l'immense succès et la popularité durable du *Télémaque?*

(28 juillet 1883).

Exposer les idées de Fénelon sur l'éloquence et sur les orateurs. (11 août 1881).

Opinion de Fénelon sur l'éloquence.

(5 novembre 1881).

Des opinions de Fénelon sur l'éloquence.

(9 août 1883).

Rappeler et discuter les moyens d'enrichir la langue proposés par Fénelon dans sa *Lettre à l'Académie.*

(15 novembre 1881).

Quels sont les mérites particuliers de la correspondance de Mme de Sévigné ? (18 novembre 1881).

Apprécier La Bruyère comme moraliste et comme écrivain. (4 novembre 1882).

Caractériser et apprécier le style des grands prosateurs du xviiie siècle d'après ce que vous connaissez de leurs ouvrages. (30 juillet 1883).

Des ouvrages historiques de Voltaire.

(21 novembre 1882).

Des parties de la rhétorique : leur nature, leur importance. (21 juillet 1881).

Des différents genres de style : préceptes et exemples.

(17 novembre 1882).

Des genres oratoires ; de leur nature et de leur objet ; exemples à l'appui. (16 novembre 1881).

Dire ce que vous savez et ce que vous pensez de la règle des trois unités.   (8 août 1881).

Qu'appelez-vous un écrivain classique, et dans la littérature française, quels sont les écrivains français qui vous paraissent les plus dignes de ce titre?

(26 juillet 1883),

LETTRES

Lettre d'Auguste à Virgile qui lui avait envoyé le plan de l'*Enéide*.

I. — Il se félicite d'avoir exhorté Virgile à entreprendre après les Géorgiques une œuvre capable de grandir sa renommée.

II. — Il a lu avec joie l'esquisse du poème futur qui sera le vrai poème national des Romains.   (9 novembre 1883).

Lettre de Charles-Quint à son fils l'infant don Philippe.

Après avoir rapidement retracé l'histoire de son règne, il lui annonce, en la motivant, son intention d'abdiquer.

(26 juillet 1882).

Lettre du président Pasquier à un ami, en lui annonçant la mort de Ronsard (1585). Il apprécie les œuvres et le talent de ce poète et fait l'histoire sommaire de la Pléïade.   (1er août 1882).

Sully écrit à Henri IV pour lui conseiller de porter surtout ses efforts vers le développement de l'agriculture et des réformes militaires. On supposera que cette lettre a été écrite en 1604.   (31 juillet 1882).

Lettre de Rotrou à un de ses amis de Rouen pour lui raconter la première représentation du *Cid*, de Corneille.

(12 août 1881).

Pellisson, secrétaire de Fouquet, invite, au nom de son maître, Corneille, éloigné depuis sept ans du théâtre, par la chute de *Pertharite*, à y rentrer sous ses auspices pour y traiter le sujet d'OEdipe.

(17 novembre 1883).

Lettre de Boileau à Louis XIV pour lui exposer la situation de Corneille mourant. (29 juillet 1882).

Lettre de Racine à Thomas Corneille en apprenant la mort de son frère. (16 août 1883).

Lettre de La Fontaine à Boileau après une lecture de l'*Art poétique*. (13 août 1883).

Lettre de l'acteur Lagrange à La Fontaine pour lui apprendre la mort de Molière, février 1673.

(15 novembre 1883).

Lettre d'un bourgeois de Paris venant d'assister à l'oraison funèbre du prince de Condé, par Bossuet, à Notre-Dame. (11 août 1883).

Lettre de l'abbé de Rancé à Bossuet pour le remercier de lui avoir envoyé l'oraison funèbre de Condé.

(8 novembre 1882).

Boursault avait publié après la première représentation de *Britannicus*, une sorte de pamphlet contre cette tragédie. Agrippine, disait-il, était fière sans sujet ; Burrhus vertueux sans dessein ; Britannicus amoureux sans jugement..... ; Néron cruel sans malice. Vous supposerez que Boileau écrit à Boursault pour réfuter ses critiques. (16 novembre 1883).

Lettre de Rollin à Fénelon pour lui demander d'écrire la *Lettre à l'Académie*. (19 novembre 1883).

Lettre de Dacier à Fénelon pour le remercier de sa *Lettre à l'Académie*. (14 août 1883).

Le tzar Pierre Ier écrit au Régent pour lui faire part de son désir de venir en France et lui montrer les avantages pour le présent et pour l'avenir d'une alliance avec la Russie. (8 août 1882).

Lettre de Voltaire à Frédéric II en lui envoyant le
Siècle de Louis XIV.   (13 novembre 1883).

DIALOGUE

Dialogue de Démosthène et de Cicéron dans les Enfers.   (6 août 1881).

DISCOURS

David Duperron, plus tard cardinal, prononce l'oraison funèbre de Ronsard. Cette oraison fut prononcée l'an 1586, le jour de la fête de Saint-Mathieu.
                             (8 novembre 1883).

Discours de Guillaume Penn aux émigrants puritains venus en Amérique pour y fonder une société nouvelle (1682).   (11 novembre 1881).

Un vieux conseiller des requêtes faisait grand bruit au Palais contre la comédie des *Plaideurs*. Le président Lamoignon prend la défense de Racine, et montre qu'on peut rire des ridicules de la chicane sans offenser la justice.   (14 novembre 1883).

Louis XIV, présidant le conseil des ministres, vers la fin de l'année 1710, expose la situation politique et militaire de la France, et déclare hautement son intention de tenter un suprême effort pour sauver la monarchie.
                             (5 août 1882).

Discours de Villars à ses soldats avant la bataille de Denain (1712).   (9 août 1881).

Discours de Monge à l'Institut d'Egypte fondé, par le général Bonaparte, après la bataille des Pyramides et l'occupation du Caire. — Exposer les travaux réservés aux savants : carte du pays à dresser ; étude des productions; observations utiles à la physique, à l'histoire naturelle, à l'astronomie ; ruines grandioses, précieuses à consulter pour l'histoire de l'art et de la civilisation ; langue morte des hiéroglyphes à retrouver, etc.

(1er août 1883).

NARRATIONS ET SUJETS HISTORIQUES

Récit de la première croisade.   (16 août 1881).

Faire le récit des croisades; insister sur la première et la dernière.   (28 octobre 1881).

Récit de la Saint-Barthélemy (24 août 1572).

(5 août 1881).

Raconter l'origine et les débuts de la Fronde.

(19 novembre 1881).

La journée des Barricades pendant la Fronde.

(18 août 1881).

Comparer le caractère et le rôle de Richelieu et de Mazarin.   (4 août 1881).

Raconter l'histoire du surintendant Fouquet. Quelles ont été les causes de sa disgrâce? Quelles sympathies a-t-il inspirées? Quel fut le rôle de Colbert à son égard?

(28 juillet 1882).

Parallèle de Henri IV et de Louis XIV.

(29 juillet 1881).

La Bruyère va trouver Boileau à Auteuil pour lui lire ses *Caractères*. Le satirique est malade; il écoute pourtant, et à la fin, après l'avoir félicité : « Vous n'avez oublié qu'un caractère, celui de l'auteur qui lit sans pitié ses ouvrages aux pauvres malades. » Vous décrirez la scène et vous développerez le caractère esquissé par Boileau.   (29 novembre 1883).

———

DÉVELOPPEMENTS OU PLANS

DES

COMPOSITIONS FRANÇAISES

DONNÉES A LA SORBONNE EN 1884 ET EN 1885

———

I. — HISTOIRE LITTÉRAIRE

Pourquoi dit-on qu'Homère est le père de la poésie épique ?

(26 juillet 1884)

DÉVELOPPEMENT. — Homère (1), le plus parfait des poètes épiques, a eu de tout temps le don d'exciter l'admiration des lettrés, et la critique a déjà épuisé ses formules pour composer des louanges qui soient à la hauteur de son génie. Un des titres qu'on lui prodigue le plus souvent est celui de « père de la poésie épique » ; il serait peut-être curieux de se demander pourquoi on le lui a décerné, ou, ce qui revient au même, dans quel sens il convient de l'entendre.

Tout d'abord, nul de ceux qui ont gratifié le chantre inconnu d'Achille et d'Ulysse, de cette épithète un peu

———

1. V. *Précis d'un cours de Littérature*, p Ch. Urbain, chap. I art. 4, page 156. Paris, Croville-Morant et Foucart, 20, rue de la Sorbonne. Prix 2,75.

emphatique et aujourd'hui démodée, n'a voulu prétendre qu'Homère, neuf cents ans environ avant notre ère,
ait créé l'épopée de toutes pièces, et par les seules forces
de son génie. L'*Iliade* et l'*Odyssée* sont des chefs-d'œuvre qui ne s'improvisent pas dans le court espace d'une
vie d'homme, mais supposent le travail accumulé de
plusieurs générations. Sans nul doute, il y a eu en
Grèce, et d'après le témoignage d'Homère lui-même, des
chants épiques, sinon des épopées étendues, dans la période qui a précédé l'éclosion des poèmes homériques,
et leur auteur, trouvant les formes de l'épopée déjà plus
ou moins arrêtées et une matière épique depuis longtemps en circulation, a dû se borner vraisemblablement
à élargir le cadre que ses devanciers lui avaient légué
et à y déployer, avec une riche profusion, toutes les
splendeurs de sa langue de génie.

S'il ne convient pas de prendre à la lettre ce titre de
« père de la poésie épique », il ne faudrait pas davantage en exagérer la portée, ni prêter à ceux qui l'emploient la pensée que toute œuvre épique postérieure à
Homère, ait dû nécessairement procéder de lui, que tout
poète épique qui l'ait suivi soit par là même redevable
à l'*Iliade* et à l'*Odyssée*. Il n'en est rien, et nul n'a pu
croire à cette filiation cachée des épopées postérieures
avec les poèmes homériques. L'épopée, en effet, est de
tous les temps et de tous les pays ; elle peut éclore partout, pourvu qu'elle vienne à son heure. Presque toujours, au temps où chaque peuple voit se constituer son
individualité, il se passe quelque évènement remarquable accompli par un héros qu'on s'accorde à regarder
comme le fondateur de l'unité nationale, et il se rencontre toujours alors des poètes pour célébrer ces hauts
faits en les ornant des couleurs de la poésie et transfor-
mer l'histoire en légende ; telle est l'épopée, et si tous
les peuples n'ont pas aujourd'hui la leur, c'est apparem-
ment qu'il ne s'est pas trouvé, à l'époque de leurs ori-

gines, un poète de génie pour les chanter sous une forme durable et digne de passer à la postérité. Puisque telles sont généralement les conditions où l'épopée prend naissance, puisqu'elle constitue un genre instinctif qu'on retrouve au berceau de toutes les littératures, on voit combien il serait déraisonnable de vouloir expliquer tous les chants épiques composés postérieurement à l'apparition des poèmes d'Homère par une imitation inutile et d'ailleurs impossible à prouver.

Mais alors si Homère n'a pas donné naissance à la poésie épique, et si l'on ne peut établir que tous les poètes épiques postérieurs l'aient pris pour modèle, dans quel sens a-t-on pu dire qu'il est le père de l'épopée? La réponse est celle-ci : c'est qu'il a réellement inspiré toute une littérature épique. En dehors, en effet, de la poésie épique spontanée, nationale et populaire qui a laissé des vestiges, sinon des monuments, chez presque tous les peuples qui ont une littérature, la plupart d'entre eux possèdent une poésie épique artificielle et savante, faite par des lettrés et pour des lettrés, à une époque où l'épopée naturelle était déjà morte sans retour ; c'est là cette littérature épique qui s'est inspirée d'Homère, et dont Homère peut, à bon droit, s'appeler le père, parce que c'est dans l'*Iliade* et l'*Odyssée*, ces deux immortels chefs-d'œuvre, que les faiseurs d'épopées dont nous parlons ont été chercher tout ensemble des règles et un modèle. Et il ne faudrait pas médire de ce genre d'épopée, sous prétexte qu'il ne peut éclore que dans des conditions factices, ni se développer que dans un milieu défavorable : quiconque serait tenté de rendre a priori un tel jugement, doit songer que l'*Enéide* est aussi une épopée savante, et que le génie patient de Virgile a su néanmoins, à force d'art réfléchi et de conscience profonde, faire de cette œuvre artificielle un poème national et vraiment romain. Il est vrai que c'est là un exemple unique, et que l'*Enéide* est la seule épopée savante qui, malgré les défauts

qu'une critique parfois injuste ou paradoxale s'est plu à
lui attribuer, puisse être égalée, sinon préférée aux meilleures épopées naturelles, Mais il faut reconnaître aussi
que les autres poèmes épiques du genre artificiel ne sont
pas, pour la plupart, des œuvres qu'un esprit sérieux et
impartial puisse dédaigner ; témoin, pour n'en citer que
quelques unes, les *Argonautiques* d'Apollonius de Rhodes, en Grèce, la *Pharsale* de Lucain, à Rome, en Italie
la *Jérusalem délivrée* du Tasse, en Espagne les *Lusiades*
de Camoëns, en France enfin le *Télémaque* de Fénelon,
les *Martyrs* de Châteaubriand. Inférieures par le ton et
le mouvement aux épopées naturelles, parce que la
sincérité naïve d'une inspiration vraie leur fait nécessairement défaut, elles se rachètent en général par un art
supérieur dans la composition, et par un style d'une
perfection plus égale et plus soutenue. Enfin leur ensemble constitue une littérature épique assez considérable
pour justifier suffisamment le titre pompeux de « père
de la poésie épique, » décerné à Homère, qui en fut l'ins-
pirateur et le modèle, par l'enthousiasme des lettrés.

**Décrire dans ses éléments principaux la
représentation d'une tragédie à Athènes :
le théâtre, le chœur, les personnages.**

(31 juillet 1884)

DÉVELOPPEMENT [N. B. — Nous avons jugé préférable
de traiter ce sujet sous forme de lettre, afin d'éviter la
sécheresse, et nous nous sommes inspirés du livre si
substantiel de Barthélemy, le *Voyage du jeune Ana-
charsis*, où l'on trouve une description analogue].

Lettre d'un jeune étranger à un de ses compatriotes,
après la représentation de l'Antigone de Sophocle.

« Je suis encore, mon cher ami, sous l'impression du
spectacle grandiose auquel je viens d'assister, et je
m'empresse de t'adresser un récit fidèle de toutes les
merveilles dont j'ai été témoin, de peur de laisser refroi-
dir l'admiration qu'elles ont excitée en moi.

Je viens de voir jouer une tragédie de Sophocle, l'*An-*
tigone, dans le grand théâtre de Bacchus. C'est un monument tout en pierre, aux proportions colossales ; il est
à ciel ouvert et peut contenir jusqu'à 30,000 spectateurs. J'y arrivai un des premiers, dès la pointe du
jour, et je pus choisir une place commode sur les gradins destinés au peuple. Il faut te dire que ces gradins,
qui sont disposés en amphithéâtre jusqu'à une très
grande hauteur, forment un vaste demi-cercle en regard
de la scène qui en est le diamètre ; tout en haut, on a
ménagé une promenade circulaire ornée de colonnes, le
περίπατος, où donnent accès des escaliers placés de distance en distance. Quand le peuple se fut placé, non
sans bruit, les hommes d'un côté, les femmes d'un
autre, et qu'on eut vu successivement les neuf archontes,
les cours de justice, le sénat des cinq cents, les officiers
généraux de l'armée, et les ministres des autels venir
occuper les gradins inférieurs qui leur étaient réservés,
alors le παραπέτασμα, sorte de rideau, s'abaissa et laissa
voir la scène. C'est un carré long, à 10 ou 12 pieds au-
dessus du sol, formé par une bande étroite où les acteurs
viennent dialoguer : au centre de cette bande, un peu
en arrière, se trouve la scène proprement dite, σκήνη,
renfermant les décors, qui placés sur des pivots, chan-
geaient à vue d'œil. Entre la scène et les gradins s'étend
l'orchestre, parterre demi-circulaire, au centre duquel
on voit encore la *thymèle*, autel de Bacchus, qui rap-

pelle aux yeux que la tragédie est née du dithyrambe. C'est là que se tient le chœur ; mais il faut t'expliquer ce que c'est que le chœur, et, pour cela, je poursuis mon récit.

Lors donc que le rideau fut baissé, un héraut prononça la formule : « Qu'on fasse avancer le chœur de Sophocle » ; et, en effet, il ne tarda pas à paraître, aussitôt après que le πρόλογος, dialogue d'exposition entre les deux filles d'Œdipe, Antigone et Ismène, nous eut mis au courant du sujet de la tragédie. Figure-toi quinze choreutes, précédés d'un joueur de flûte, marchant d'un pas mesuré sur trois de front et cinq de profondeur, et chantant sur un rhythme appelé anapestique qui s'adapte fort bien à la cadence de la marche. J'ai ouï dire qu'au temps du poète Eschyle, le chœur tragique ne comptait que douze personnages, que c'est Sophocle même qui les porta au nombre de quinze. Cette entrée du chœur en scène, qu'on nomme πάροδος, était majestueuse, et j'ai trouvé fort beau ce chant guerrier, où les quinze vieillards thébains célébraient la victoire remportée sur Polynice. Il va sans dire que ce ne sont pas toujours des vieillards qui composent le chœur ; suivant que le sujet l'exige, il peut être formé de femmes, de jeunes gens, de citoyens, d'esclaves, de prêtres, de soldats : seuls, les étrangers ne peuvent en faire partie, car il représente le peuple, et pour y jouer, un rôle, il faut être Grec. Tu ne saurais, je t'assure, entendre une poésie plus mélodieuse et plus savamment ordonnée que celle des chœurs, ni surtout rien voir de plus curieux que leurs évolutions.

Les vers sont comme ceux des odes, disposés en strophes et antistrophes ; chaque antistrophe répond à la strophe qui précède tant pour la mesure et le nombre des vers que pour la nature du chant, et comme on se plaît, en général, à introduire quelques différences entre les divers couples de strophes semblables, on obtient ainsi la symétrie dans la variété. Quant aux évolutions, voici en quoi elles consistent : à la première strophe, les choreutes vont de droite à gauche, à la première antistrophe, de gauche à droite, dans un temps égal ; et ils continuent de la sorte jusqu'à la fin du chant, à moins qu'ils ne le terminent, comme dans les chœurs lyriques, par une nouvelle mélodie, appelée épode, qui se chante en repos la face tournée vers les spectateurs. Et ces évolutions se font sur un pas rhythmé qui constitue une sorte de danse appelée ἐμμέλεια : parfois même on a recours à des danses plus vives, quand les chants du chœur sont plus passionnés.

Une fois qu'il fut entré, le chœur ne quitta plus le théâtre ; il devint spectateur de la tragédie, se bornant à intervenir de temps à autre par la bouche de son coryphée qui déclamait ou dialoguait avec les personnages, et remplissant les intervalles de l'action, je veux dire les pauses qui suivent les diverses péripéties du drame, ou ἐπεισόδια, par des chants analogues à ceux de la πάροδος, mais qu'on exécute presque toujours sans évolutions ; aussi les appelle-t-on στάσιμα μέλη. Dans ces chants, qui varient avec le nombre des ἐπεισόδια, compris généralement entre 2 et 6, le chœur fait surtout des réflexions d'un caractère religieux où philosophique sur les évènements dont il est témoin ; ou bien il joue, à l'égard des personnages, comme je l'ai vu faire à l'égard d'*Antigone*, le rôle de conseiller et déplore avec eux les malheurs qui les menacent, auquel cas le chant lyrique prend habituellement le nom de κόμμος. On m'a dit qu'autrefois, dans Eschyle, le chœur était un des principaux acteurs du drame, non un conseiller ou un simple témoin.

Quand je t'aurai dit que la pièce se termine par un petit couplet anapestique, l'ἔξοδος, qui résume l'impression de la tragédie et en donne la conclusion morale, je t'aurai donné sur le chœur tragique tous les détails que

ma mémoire me suggère. Mais venons à la pièce elle-
même et aux personnages.

Ces derniers sont généralement au nombre de trois
principaux, sans compter les rôles secondaires : les trois
acteurs qui se distribuent les rôles portent les noms de
protagoniste, deutéragoniste, et *tritagoniste.* Ce sont
toujours des hommes, aussi, quand ils font des rôles de
femmes, le son mâle de leur voix constitue une invraisemblance qui étonne au premier abord. Heureusement
leurs masques, en figurant les traits des personnages
qu'ils représentent, viennent compenser cet inconvé-
nient, sans compter qu'ils ont, m'a-t-on dit, un autre
avantage, qui est de renforcer leur voix. En outre, on
leur fait chausser, pour se grandir, des chaussures à
semelles épaisses, appelées *cothurnes*, analogues à celles
garnies-de semelles de bois, dont le coryphée se sert
pour battre la mesure, et qui portent le nom de κρούπεζαι ;
des gantelets ajoutent à la longueur de leurs bras, et des
cuirasses matelassées, ou προστερνίδια, en donnant à leur
buste de la prestance et de l'ampleur, achèvent de communiquer à leur physionomie je ne sais quoi de grandiose et de surnaturel. Et maintenant que te dirais-je du
sujet même de la tragédie ? Comment te peindre mon
émotion, mes larmes, ma compassion pour Antigone,
ma haine pour Créon ? Car je n'ai fait jusqu'ici que te
décrire la représentation de cette belle œuvre, et te
donner les détails curieux que mes observations m'ont
permis de recueillir. Mais je préfère te raconter la touchante histoire d'Antigone dans une de mes prochaines
lettres. Adieu.

Quels sont dans les littératures classiques, les principaux poèmes didactiques?

(9 août 1884)

Développement (1). — En Grèce, la poésie didactique apparut dès le temps d'Homère. Hésiode en est le premier et le plus illustre représentant. Les anciens scoliastes lui attribuent beaucoup plus de poèmes qu'il ne nous en reste de lui. Les seuls que nous ayons, sont : les *Œuvres et les Jours*, la *Théogonie*, le *Bouclier d'Hercule*. Le premier de ces ouvrages, qui est le principal et le plus authentique, est un mélange de préceptes moraux, de règles familières et pratiques sur l'agriculture, la navigation, la conduite de la vie, etc. Virgile s'en est parfois inspiré dans ses *Géorgiques*. La *Théogonie*, ou généalogie des dieux, est un poème épique et didactique à la fois où l'auteur a rassemblé et coordonné les croyances religieuses de son temps ; c'est une des principales sources de la mythologie grecque, où Ovide a beaucoup puisé pour faire ses *Métamorphoses* ; mais c'est d'une poésie assez froide. Le *Bouclier d'Hercule* est un court morceau épique, relatant le combat du héros contre Cycnus, fils de Mars ; il contient également la description de son bouclier, imitée d'Homère.

Après Hésiode, nous ne trouvons plus de poésie didactique qu'au viie et au vie siècle ; nous trouvons alors des poètes gnomiques (γνώμη, sentence) dont les principaux sont Solon, Théognis, Phocylide, Pythagore, et qui se sont servis du distique élégiaque. Leurs œuvres

---

1. V. Ch. Urbain. *Précis d'un cours de littérature.* Chap. I. Art. 1, p. 135.

sont mutilées. Nous avons surtout à cette époque, la fable ou apologue avec son représentant le plus populaire, Esope, dont les fables ne nous sont parvenues que défigurées par nombre de transformations. Il faut encore mentionner, comme auteurs didactiques de ce temps, les *poètes orphiques*, qui, sous l'invocation d'Orphée, enseignaient certaines doctrines philosophiques. Après cette époque, on ne trouve plus guère de poésies didactiques dans l'histoire de la littérature grecque que pendant la période greco-alexandrine, avec Aratus et Nicandre, et pendant la période greco-romaine, avec Scymnus, et Denys le Périégète, poètes géographes, avec Oppien, auteur de poèmes sur la chasse, la pêche, et les oiseaux, enfin avec le fabuliste Babrius (ii° siècle ap. J.-C.).

Chez les Romains, nous ne trouvons aucun poème didactique avant Lucrèce. Son poème *De Rerum Natura*, dédié à Memmius, est l'exposé de la philosophie d'Epicure ; il est plein de vers et de passages sublimes, un peu déparés par une langue archaïque. Cicéron, son frère Quintus, et Varron furent les principaux poètes didactiques, contemporains de Lucrèce. Immédiatement après lui vient Virgile, avec ses *Géorgiques*, dans lesquelles il cherche à réhabiliter l'agriculture chez les Romains, puis Horace avec son épître aux Pisons (*Art poétique*). Ovide avec son *Art d'aimer*, ses *Fastes*, ses *Métamorphoses*, etc. Manilius, avec ses *Astronomiques*, Phèdre avec ses fables.

Dans la littérature française, aucune œuvre ne mérite l'attention, dans le genre didactique, avant l'*Art poétique* de Vauquelin de la Fresnaye, Enfin paraît La Fontaine, l'inimitable bonhomme, qui a laissé loin derrière lui tous ses antiques prédécesseurs, dont il prétend modestement n'être que le traducteur ou l'imitateur. Son livre de fables est le monument le plus achevé du genre. A côté de lui, nous trouvons Boileau ; son *Art poétique*, où il suit les traces d'Horace, est une œuvre de premier ordre, parsemée de vers devenus proverbes ; malheureusement une grave et inexplicable omission, dans l'énumération et la définition des genres, celle de l'apologue, lui a toujours été justement reprochée.

Nous arrivons ensuite au xviii⁰ siècle avec Saint-Lambert, auteur des *Saisons*, Roucher, auteur des *Mois*, Esménard (de la *Navigation*), Delille surtout (les *Jardins*, les *Trois règnes de la nature*), enfin Florian dont les fables, pleines d'élégance et de grâce, sont pourtant bien inférieures à celles de La Fontaine. Depuis lors, le genre didactique paraît de plus en plus délaissé par les contemporains, et ne produit plus d'œuvres dignes de mention.

———

Comparer, dans leurs caractères généraux, la littérature grecque et la littérature romaine.

(30 juillet 1884) et (15 novembre 1884)

DÉVELOPPEMENT. — Il est intéressant de comparer dans leurs caractères essentiels, les deux littératures de l'antiquité, non-seulement pour se rendre compte des rapports et des différences qui existent entre elles, mais aussi pour voir comment elles ont pu inspirer diversement notre littérature moderne.

I. — La littérature grecque se caractérise surtout par la plus grande *originalité*, et une *fécondité* extrême.

1° Les sources de cette littérature sont toutes grecques ; c'est une littérature *nationale*, expression de la vie grecque sous toutes ses formes ; — en outre, elle est

sortie de la *religion*. — De là sont nés tous les genres
littéraires, que l'imagination vive de la Grèce a *créés*,
ne l'oublions pas. Les Grecs ont fait ainsi eux-mêmes
leur éducation littéraire, avec le goût le plus sûr et le
plus fin qui fut jamais.

2° Nous voyons donc combien est riche la fécondité de
la littérature grecque. Cette fécondité se fait voir dans la
langue d'abord, qui trouve en elle-même des ressources
infinies ; elle est souple, abstraite et vivante à la fois,
comporte toutes les finesses et toutes les nuances, et est
excellemment apte à l'expression des idées générales :
la langue grecque est par nature une langue philosophique.

Cette langue n'est si féconde que parce que les pensées qu'elle exprime se développent avec une abondance
sans égale. Prenons comme exemple le genre dramatique : nous voyons se produire rapidement une succession d'admirables chefs-d'œuvre, absolument originaux.

Aussi les Grecs sont-ils une nation d'artistes : dès
l'enfance, la *musique* (culture littéraire et morale), fa-
çonne les jeunes âmes, et cette culture fait partie de l'é-
ducation nationale ; pour les Grecs l'agréable doit être
mêlé à l'utile, parce que l'idéal domine, à une hauteur
infinie, le réel. La civilisation grecque tout entière, la
pensée grecque sous toutes ses formes est pénétrée
d'idéal : il est remarquable que la littérature philosophique, par exemple, est toute spéculative.

L'originalité tout à fait indépendante et la fécondité si
riche de la littérature grecque en font la plus merveilleusement variée, la plus belle, la plus achevée, qui fût
jamais. Les Grecs ont été les précepteurs de l'art, non-
seulement pour les modernes, mais pour les Latins
même.

II. — Ce qui caractérise en effet la littérature romaine,
comparée à la littérature grecque, c'est une originalité
assez restreinte : la civilisation et la littérature latine

sont en grande partie empruntées, et l'on peut dire que les Romains doivent aux Grecs le meilleur de leur développement intellectuel : Horace lui-même n'hésite pas à l'avouer :

> Græcia capta ferum victorem cepit, et artes
> Intulit agresti Latio.

Et Virgile a dit de son côté :

> Excudent alii spirantia mollius æra,
> Credo equidem, vivos ducent de marmore vultus,
> Orabunt causas melius...
> Tu regere imperio populos, Romane, memento :
> Hæ tibi erunt artes...
>
> (En. VI, v. 846-851).

Nous avons, dans ce vers de Virgile, la raison de l'infériorité des Romains dans les choses de l'esprit, avouée par ceux même qui ont le plus fait pour élever au plus haut point la gloire littéraire de Rome : c'est un peuple guerrier, qui n'a pas le temps de donner l'essor à son imagination ; son imagination artistique et littéraire est presque toute d'emprunt.

Les Latins ont emprunté aux Grecs, en effet, les genres littéraires ; ils n'ont été originaux que dans les genres qui naissent spontanément et naturellement chez tous les peuples, l'histoire, l'éloquence ; ajoutons, pour être justes, la satire *(Satira tota nostra est*, Quintilien), l'épître et la littérature technique. — C'est que, à Rome, les sources nationales et religieuses ont été bien peu de chose pour la littérature : elle n'est pas, en effet, comme en Grèce, l'expression de la vie sociale ; pendant six cents ans, la culture littéraire ne fait pas partie de l'éducation nationale, parce qu'elle ne peut contribuer à la prospérité de la chose publique. *Utilitas rei publicæ*, c'est-à-dire l'honneur et la puissance de Rome, *roma-*

nam condere gentem, sa domination sans cesse gran-
dissante, voilà la seule préoccupation de tout bon citoyen.
Aussi voyons-nous les enfants apprendre, dès le bas
âge, la loi des Douze Tables, regardée comme le seul
poème nécessaire, dit Cicéron.

Il y aurait, du moins, semble-t-il, une autre source
d'inspiration, la religion ; mais la littérature n'y a guère
puisé, parce que, à Rome « la mythologie a bien les
mêmes légendes et les mêmes divinités (qu'en Grèce),
mais elle n'a rien de national et de poétique : tout y est
artificiel. » (De Caussade, *Hist. de la litt. gr.*, p. 8).

Les tendances pratiques dominent tout chez ce peuple.
Le premier grand ouvrage en prose, on l'a remarqué
souvent, est le *De re rustica*, de Caton ; le droit, l'éloquence du barreau, suffisent à occuper pendant longtemps les esprits cultivés. — La langue s'en ressent
naturellement, et reproduit exactement les caractères,
les idées qu'elle a à exprimer : elle est synthétique et concrète avant tout, peu souple, peu propre à rendre les
nuances abstraites et les délicatesses. — Si nous com-
parons la littérature philosophique de Rome à celle de la
Grèce, nous voyons qu'elle est éminemment pratique :
les idées stoïciennes et épicuriennes en forment à peu
près le seul fonds.

Il est très naturel que dans ces conditions la littérature romaine ait été bien moins féconde que celle de la
Grèce : à partir de ses commencements obscurs et pénibles, nous la voyons se développer lentement, et elle
ne commença à produire des œuvres de valeur que
lorsque le génie grec eut pénétré et fécondé la pensée
latine, un peu lourde et lente à s'éveiller. Prenons
comme exemple les progrès du théâtre à Rome : tant
qu'il resta original et national, il ne produisit que des
œuvres sans valeur littéraire : *vers fescennins, saturæ,
atellanes....*; il ne devint vraiment un genre dramatique
que lorsqu'il eut été renouvelé ou plutôt transformé

entièrement par l'imitation des Grecs (Plaute et Térence).

Une fois la part assez grande, d'ailleurs, faite à l'imitation dans la littérature romaine, nous pouvons reconnaître qu'elle a apporté dans cette imitation même des qualités propres, un sens juste et profond, une grande fermeté de pensée, une langue forte, positive et substantielle : son infériorité n'en reste pas moins incontestable à l'égard de la littérature grecque, qui lui a fourni la plupart de ses modèles.

Comparer la littérature grecque du siècle de Périclès avec la littérature latine du siècle d'Auguste.

(14 août 1885)

DÉVELOPPEMENT. — La période athénienne de la littérature grecque est la plus brillante de toutes : Athènes a été, en effet, surtout à l'époque de Périclès, le principal foyer intellectuel et artistique, après que les guerres Médiques avaient déjà montré sa supériorité sur les autres cités grecques à tous les points de vue. La période athénienne est aussi l'époque où la langue a été écrite le plus purement : à côté des trois dialectes, ionien, éolien, dorien, le dialecte attique se forme et restera, après la disparition des autres, la *langue commune* de la Grèce. C'est enfin pendant les guerres Médiques qu'on voit éclore deux genres nouveaux et qui devaient être la source de tant de chefs-d'œuvre : le genre lyrique et le genre dramatique. Cette époque voit aussi naître et se développer la prose avec les historiens, les orateurs et les philosophes.

Le genre lyrique, à cette époque, est surtout représenté par Pindare, dont les Odes triomphales (ἐπινίκια)

2.

Olympiques, Pythiques, Néméennes, Isthmiques, si exaltées par les Anciens, sont pour nous un peu froides et assez obscures.

La poésie dramatique, née du culte de Bacchus, se développa d'abord dans la tragédie, puis dans la comédie. Au temps de Périclès, Eschyle, le premier grand tragique grec, avait déjà passionné toute la Grèce pour ses poèmes immortels. Sophocle, qui avait été son jeune rival, fut son digne successeur. Il porta la tragédie à son plus haut degré de perfection dans les nombreuses pièces qu'il a faites et dont il ne nous reste que sept : *Antigone, Electre, les Trachiniennes, Œdipe Roi, Ajax, Philoctète, Œdipe à Colonne*. Après lui, vient Euripide, qui modifia sensiblement le caractère de la tragédie grecque : ses hardiesses, qui lui firent beaucoup d'ennemis, ne témoignent pas moins d'une grande originalité et ont donné à ses pièces un intérêt particulier. Il nous reste de lui dix-sept tragédies. A côté des grands tragiques, le siècle de Périclès vit aussi la comédie atteindre à la perfection avec son illustre représentant Aristophane, dont le nom domine la période appelée comédie ancienne et même toute la comédie grecque.

Mais ce ne furent pas les poètes seuls qui firent la gloire de ce siècle. L'histoire prend avec Hérodote un caractère littéraire ; les Anciens avaient donné aux neuf livres de ses *Histoires* le nom des neuf Muses. Thucydide, son continuateur, a porté à un plus haut degré la véracité et l'esprit philosophique, dans son Histoire de la guerre du Péloponèse. Xénophon, qui vient après, est plus encore philosophe qu'historien. Enfin, la philosophie ne se montra pas inférieure aux autres genres en produisant Anaxagore de Clazomène, les sophistes, Socrate, Platon, son disciple et son successeur, enfin Aristote, le plus grand de tous. L'éloquence, dont nous ne pouvons guère juger, à cette époque, que par le témoignage de l'histoire, fut habilement maniée par les hommes politiques, et surtout par Périclès. On peut considérer comme appartenant à cette époque Antiphon, Lysias, Isocrate. Voilà, dans ses traits principaux, le tableau de la littérature grecque au siècle de Périclès.

La comparaison s'impose entre cette époque littéraire et celle qui, chez les Romains, fut appelée le siècle d'Auguste. Après la Bataille d'Actium commence pour Rome une ère d'apaisement comparable à celle qui suivit, pour la Grèce, le dénouement des guerres Médiques, et pendant laquelle les lettres redevinrent florissantes sous la puissante protection d'Auguste, de Mécène, de Pollion, de Messala. L'imitation de la Grèce, qui venait d'être réduite en province romaine, fut sans doute d'un grand secours à la littérature romaine de ce temps ; mais cette imitation, pratiquée par des écrivains de génie, ne fut jamais servile ni outrée. Ce fut la poésie qui domina de beaucoup sous le règne d'Auguste ; mais dans la poésie, le genre dramatique est, à cette époque, en pleine décadence. Dans la prose, l'histoire est glorieusement représentée par Tite-Live ; l'éloquence, réduite au silence par le pouvoir absolu, est remplacée par les déclamations.

Virgile et Horace sont les deux grands noms qui dominent la poésie de ce siècle : Virgile cultiva également le genre pastoral avec ses *Bucoliques*, le genre didactique avec ses *Géorgiques*, et l'épopée avec son *Énéide* ; Horace fut poète lyrique, satirique et didactique, ainsi qu'Ovide et Phédre ; Tibulle et Properce représentent le genre élégiaque ; Manilius, la poésie philosophique. L'histoire, à part Tite-Live, compte encore Velléius Paterculus, Valère Maxime ; enfin la rhétorique est cultivée par Sénèque.

Les deux siècles de Périclès et d'Auguste ont été ce que nous venons de les voir par suite de l'établissement d'un gouvernement puissant et pacifique. Mais le siècle de

Périclès ne fut pas seulement plus original que le siècle d'Auguste, il fut plus fécond, plus universel ; le théâtre, l'éloquence, la philosophie, qui sont ses plus beaux titres de gloire, font défaut au siècle d'Auguste chez les Romains.

Montrer par des exemples et expliquer le rôle de l'Éloquence dans les Républiques anciennes.

(27 octobre 1884)

DÉVELOPPEMENT. — La constitution des Républiques anciennes, Athènes et Rome par exemple, pourrait se définir par ces mots que Fénelon applique aux seuls Grecs : « Tout dépendait du peuple, et le peuple dépendait de la parole » ; d'où il suit que l'Éloquence y jouait un rôle prépondérant. C'était le peuple assemblé qui décidait sur les affaires publiques, et ses résolutions lui étaient suggérées par les hommes éloquents qui se trouvaient dans ses rangs ; la parole était le grand ressort en paix et en guerre, et quiconque avait le talent de persuader la multitude pouvait prétendre à toutes les charges, à tous les honneurs.

Les exemples abondent. Chez les Grecs, nous voyons tout d'abord Thémistocle qui sut, par son éloquence à la fois insinuante et passionnée, dicter à ses concitoyens de glorieuses résolutions, entr'autres la construction de la flotte de Salamine, et s'éleva au plus haut degré de puissance et de gloire. Puis vient Aristide, son rival, dont la parole pleine de bon sens et de droiture corrigea bien souvent les Athéniens de leur légéreté et les fit revenir de leurs erreurs ; ce grand homme, qui était vraiment le *vir bonus dicendi peritus* dont parle Quintilien, jouit longtemps d'une grande influence et d'une grande popularité. Mais Périclès eut encore une fortune plus étonnante, car il avait au plus haut degré toutes les qualités qui constituent le génie oratoire : élévation des pensées, éclat des images, vigueur de l'expression, rien ne lui manquait, sans parler de la voix et du geste ; pendant quarante ans cet homme d'État accompli, cet orateur incomparable jouit de la faveur des Athéniens et exerça une autorité souveraine sur la République. Après Périclès, nous pouvons mentionner Alcibiade, qui sut, par son éloquence, mériter la confiance du peuple, puis, plus tard, Lycurgue et Hypéride, Dinarque et Phocion, qui dans la lutte de la Grèce contre Philippe, se distinguèrent les uns comme adversaires, les autres comme partisans de la domination macédonienne. Enfin nous arrivons à Démosthène, contemporain de ces derniers, le plus grand orateur de l'antiquité, dont l'éloquence véhémente et passionnée déjoua pendant quatorze ans les plans de Philippe ; à part les disgrâces momentanées qu'il encourut sur l'accusation de ses rivaux, dont le plus illustre est l'orateur Eschine, jamais homme n'exerça par sa parole une influence plus grande sur le peuple athénien, et s cette influence n'eût pas été combattue par les orateurs du parti macédonien, « jamais », comme on inscrivit plus tard sur le socle de la statue qu'Athènes érigea à sa mémémoire, « jamais le Mars Macédonien n'eût commandé dans la Grèce. » Après Démosthène et Eschine, l'Éloquence s'évanouit avec la liberté ; le peuple grec, devenu esclave, cessa de délibérer sur ses destinées, et les orateurs durent renoncer à jouer auprès de lui le rôle de guides et de conseillers qu'ils avaient longtemps et glorieusement rempli.

Si d'Athènes, nous passons à Rome, nous verrons que l'Eloquence n'y tint pas une place moins considérable. Sans parler des orateurs des cinq premiers siècles de Rome, dont il ne nous reste que les noms, arrivons tout de suite à Caton, ce rude adversaire de la noblesse et de l'hellénisme qui pénétrait à Rome ; orateur véhément, son éloquence nerveuse et pleine d'une mâle simplicité, eut un grand crédit auprès du peuple, et il entraîna par sa parole les Romains à la ruine de Carthage. Puis, après une mention donnée à Scipion Émilien et à Lélius son ami, tous deux orateurs distingués et qui furent très en honneur à Rome, il faut citer les Gracques, ces deux grands citoyens, qui parvinrent, à force d'éloquence, à faire adopter les fameuses lois agraires ; mais leur crédit tomba sous l'effort de la noblesse, coalisée pour défendre ses intérêts menacés, et ils périrent victimes de leur zèle pour le bien public. -

Entre les Gracques et Cicéron, nommons avec éloge Crassus, le vaillant orateur, que Cicéron, en relatant sa mort, appelle un homme divin, puis l'ami est le confident de Crassus, Antoine, qui parvint, comme lui, par son éloquence, aux premières charges de la République, et enfin Hortensius, le rival et l'ami de Cicéron. Mais c'est ce dernier qui fut sans contredit le plus grand orateur de Rome ; il fut orateur politique, parce qu'il était homme d'État, et il eût certainement sauvé Rome des désordres sanglants qu'elle subit plus tard, si son caractère eût été à la hauteur de son génie. Cicéron a eu d'admirables instants dans sa carrière d'homme public, mais, incapable de donner une direction constante à ses efforts, il vit échouer ses meilleures intentions. Néanmoins, quelle qu'ait été sa faiblesse, on ne saurait oublier qu'il la paya de sa vie, et la postérité doit conserver une haute estime au grand citoyen qui prononça les Catilinaires et les Philippiques. Rome lui décerna de son vivant les plus grands honneurs et lui donna le titre glorieux de Père de la patrie. Comme Démosthène en Grèce, il fut le dernier orateur politique de Rome, car après lui les Romains dégénérés abdiquèrent leur liberté entre les mains de ceux à qui César avait montré la voie, et l'éloquence, désormais sans objet, se tut pour toujours.

Tel fut, à Athènes et à Rome, c'est-à-dire dans les

deux principales républiques de l'antiquité, le rôle de l'éloquence; elle guida la liberté et mourut avec elle.

Quels sont les principaux représentants du genre satirique à Rome ? Nommer et caractériser chacun d'eux.

(24 juillet 1884)

DÉVELOPPEMENT (1) — On a proposé au mot *satire* deux origines : selon les uns, le mot viendrait des σατύροι grecs (drame satirique); selon les autres, il faudrait en chercher l'étymologie dans le mot *satura,* désignant un mélange de chants, de danses, de pantomimes, le tout accompagné de plaisanteries et de bouffonneries mordantes, — tel qu'on en voyait dans les fêtes des peuplades du Latium. — La naissance de la satire, chez les Romains, serait alors le drame primitif, qu'on appelait *atellanes.*

Si l'on adopte cette seconde étymologie, qui semble en effet plus plausible encore que l'autre, la satire peut être considérée comme un genre tout latin ; Horace, en effet, la revendique et n'hésite pas à dire en parlant du premier des satiriques latins, Ennius,

Græcis intacti carminis auctor
(*Sat.* I, X, 66).

Quintilien, de son côté, s'exprime ainsi : *Satira tota nostra est* (*Inst. or.,* X, 1). — Mais quoi? ne trouvons-nous pas déjà le genre satirique en Grèce ?-et Archiloque, et Simonide d'Amorgos, et Ménippe, et Aristo-

1. Ch. Urbain. — *Précis d'un cours de littérature.* chap. II, art. 2. p. 231.

phane lui-même (qui a montré sur le théâtre des satires vivantes), ne sont-ils pas des satiriques ? On ne saurait le nier ; mais d'autre part il faut convenir aussi que les Latins, Lucilius, Horace, Juvénal, ont donné à la satire sa forme propre et définitive ; en outre le genre correspond bien à une disposition naturelle du caractère romain, car on la retrouve à toutes les époques de l'histoire de la littérature latine : l'esprit satirique est un trait de race, le Romain est né railleur, habile à saisir les ridicules, et se plaît aux surnoms (*Cicero*, etc.)

Ennius, nous l'avons dit, est le premier qui compose des satires. Il se servait de divers mètres (d'où peut-être l'étymologie littéraire du mot *satura*) ; — nous trouvons de même au vi^e siècle, *Névius* et *Pacuvius*.

Lucilius peut être considéré comme le père de la satire à Rome :

> Lucile le premier osa la (la vérité) faire voir,

dit Boileau (*Art Poét.*, ch. II). Ce fut lui qui le premier adopta pour la satire l'hexamètre. — La satire est chez lui toute morale et en même temps pénétrée de sentiments romains ; il écrit en effet à l'époque où Rome vient de vaincre Carthage, Antiochus, la Macédoine, et où la conquête va avoir pour conséquence inévitable l'invasion des mœurs des vaincus : c'est le temps où l'*urbanitas* remplace les vieilles mœurs, où les vertus guerrières font place peu à peu à une imitation maladroite et lourde du dilettantisme grec, où les Romains, avec une prodigalité et une ostentation de parvenus, recherchent les élégances de l'art sans les comprendre ni les goûter. Lucilius voit les dangers de ce raffinement, qui n'est qu'une décadence morale, il devine la corruption profonde, irrémédiable, qui va commencer à ronger le monde romain, et il pousse un énergique cri d'alarme : sa verve est brusque, presque brutale, et Perse et Juvénal ont pu dire de lui :

... secuit Lucilius Urbem
Ense velut stricto quoties Lucilius ardens
(Perse, Sat. I, 114).
Infremuit......... *(Juvénal, Sat.* I, 165).

Horace lui reproche ses vers durs, à l'allure rude et
fruste, où l'harmonie semble méconnue à plaisir ; c'est
que, en effet, cette forme qui n'est rien moins qu'apprêtée, est elle-même une protestation contre les pré-
tentions littéraires du temps : *res, non verba*, telle
pourrait être sa devise ; les Romains prennent bien leur
temps vraiment, de limer des vers ! qu'ils reprennent la
charrue et l'épée, et n'aient d'autre souci que la gloire
et la puissance de la ville, *Urbs*, qui doit rester redoutée
et respectée tant qu'elle sera menaçante et forte !

Les Satires ménippées de *Varron*, contemporain de
Cicéron, ne sont que d'élégantes imitations ; on y trouve
cependant un certain accent personnel.

Catulle a semé plus d'un trait satirique dans les
Iambes ; mais il n'est satirique que par occasion.

Avec *Horace*, la satire devient une causerie familière
de morale ou surtout de littérature (*sermo*). Nulle part
on ne trouve dans ses satires l'indignation de Lucilius ;
son ton habituel est une raillerie douce, spirituelle et
fine, discrète, persuasive, indulgente :

Horace, à cette aigreur, mêla son enjouement
(Boileau, Art. P., ch. II).
... admissus circum præcordia ludit
(Perse, Sat. I, 117).

Il a pris soin, dans plus d'un passage, de se caractériser lui-même, notamment dans ce vers si souvent cité :

Ridiculum acri
Fortius ac melius magnas plerumque secat res.
(Sat. X, 14).

Nous avons dit que la satire dans Horace est surtout
littéraire ; la satire politique ou morale n'est guère en
effet son élément, et de même que ses satires politiques

3

se changent toujours en flatteries à l'adresse d'Auguste, de même ses satires morales deviennent invariablement des apologies de l'épicurisme. La grande originalité d'Horace, comme satirique, est donc la satire littéraire.

On a souvent compté parmi les satiriques du siècle d'Auguste *Phèdre*, qui sut dissimuler, sous les dehors naïfs et inoffensifs de l'apologue, une satire discrète.

Sénèque a renouvelé le genre dans l'*Apocolokintosis* (métamorphose de Claude en citrouille) : c'est une satire toute politique.

Les *Épigrammes* de *Martial*, renferment dans les tableaux licencieux qu'elles nous offrent, des traits de satire acérés et mordants.

Les peintures trop fidèles de la société où a vécu *Pétrone* font du *Satyricon* une œuvre où l'esprit satirique est malheureusement gâté par une complaisance évidente à reproduire les turpitudes morales de la société la plus corrompue qui fut jamais. La versification et le style sont d'ailleurs extrêmement soignés, et on a pu l'appeler *scriptor purissimæ impuritatis*.

La satire morale par excellence est celle de *Perse*. Stoïcien (disciple de Cornutus), il revendique, dans une poésie mâle et austère, les droits de la vertu contre l'envahissement d'une corruption qui va sans cesse grandissant. S'il ne fût pas mort à vingt-six ans, Néron se fût certainement chargé de réduire pour toujours au silence le poète courageux qui devait commencer à l'importuner.

Le nom de *Juvénal* semble synonyme de celui même de Satire : c'est la satire faite homme. Comme Lucilius, les souvenirs des vieilles gloires de Rome lui font maudire la corruption au milieu de laquelle il vit : il n'y a plus de famille, plus de liberté d'aucune sorte ; la gloire, le crédit, la fortune, ne sont pas plus sûrs, car ils sont à la discrétion du pouvoir : le seul refuge de quiconque veut rester libre est la vertu. Mais quel contraste avec la réalité ! Et Juvénal, sans rien masquer de tous les vices, de toutes les plaies, nous montre à nu toutes ces *affreuses vérités*, nous fait toucher du doigt toutes ces gangrènes, avec des détails si précis, si complets, qu'on l'a accusé, lui aussi, de s'être plu complaisamment à ces peintures.

Enfin citons, pour être à peu près complet, la satire, assez médiocre au point de vue littéraire, d'une courageuse femme *Sulpicia*, contre Domitien ; — et les invectives acerbes de *Claudien* contre Rufin et Eutrope ; — et nous aurons indiqué à peu près tout ce que Rome nous a légué dans le genre satirique. On voit combien la série est longue, et l'on comprend que Quintilien avait quelque raison de dire : *Satira quidem tota nostra est.*

Dites ce que vous savez sur l'histoire du théâtre religieux au moyen-âge.

(25 juillet 1884)

DÉVELOPPEMENT. — En Grèce, le théâtre naquit de la religion, puisqu'il sortit graduellement des développements ajoutés au dithyrambe, chant sacré en l'honneur de Bacchus ; en France, on vit de même, au moyen-âge, la religion donner naissance à l'art dramatique. C'est, qu'en effet, le culte chrétien n'était, surtout à cette époque de foi naïve et sincère, qu'un long et divin spectacle ; les cérémonies de l'église, surtout celles des jours de fêtes, étaient, pour les fidèles, autant de drames pieux où se déroulait, sous une forme saisissante, l'histoire des saintes croyances qui remplissaient leur âme. Aussi on fut conduit rapidement à introduire quelques modifications au rituel, pour donner à la célébration des offices plus de vie et de mouvement : c'est ainsi qu'on remplaçait parfois les récits de l'évangile par des dialogues

entre deux ou plusieurs prêtres, les proses simplement
modulées, par des chants, appelés *épîtres farcies* (*epis-
tolæ farcitæ*), où deux clercs, l'un en latin, l'autre en
roman, exaltaient tour à tour, en se donnant la réplique, les mérites du saint que l'on fêtait ; ou bien, le
jour de l'Ascension, un prêtre monté sur le jubé et quelquefois sur la galerie extérieure au-dessus du portail,
représentait l'ascension de Jésus-Christ, etc. En drama-
tisant ainsi la religion, d'ailleurs, le clergé avait un
double but : instruire une foule grossière, en présentant
à ses yeux ce que son intelligence eût dédaigné ; diriger
vers les choses saintes le goût des représentations
païennes, qui était resté très vif chez nos pères et se
traduisait tous les ans, à l'époque des saturnales antiques, par une invasion fort irrespectueuse de l'église,
comme dans la fête des *sous-diacres* et dans celle des
fous. Bientôt, non content de dialoguer certains récits
appartenant aux offices, on composa, sur la matière de
ces récits, des entretiens versifiés, qui furent d'abord
chantés : enfin ces dialogues, au lieu d'être joués pendant l'office, s'en détachèrent et furent reportés à la fin.
Ce jour-là, le drame fut créé ; en s'isolant des cérémonies du culte, dont il avait jusqu'alors fait partie inté-
grante, il avait conquis son droit à l'existence, et il cons-
titua désormais un genre indépendant.

Les premiers drames chrétiens, qui furent ainsi joués
après le sermon, par les prêtres assistés de quelques
laïques, portaient les noms de *mystères* ou de *miracles*,
suivant qu'ils étaient tirés des Ecritures ou de la vie des
saints. Le plus ancien de tous est le mystère intitulé
les *Vierges sages et les Vierges folles*, composé vraisemblablement au XI° siècle, du moins en grande partie ;
écrit tantôt en latin, tantôt en langue vulgaire, à la manière des épîtres farcies, il était chanté et il a pour objet
la parabole évangélique dont il porte le titre, parabole
que son auteur inconnu a su rendre émouvante et qui

offre un peu le même genre d'intérêt que les *Suppliantes d'Eschyle*. — Dans la suite, le drame religieux s'émancipa peu à peu de la tutelle du clergé ; cultivé de plus en plus pour lui-même, puisqu'il n'était plus seulement un intermède de l'office divin, mais qu'il avait au contraire une existence séparée et un rôle distinct, il tomba aux mains de confréries laïques qui achevèrent de le séculariser. C'est à cette seconde phase du théâtre chrétien que se rattachent les principaux mystères et miracles que nous ait laissés le moyen-âge. Parmi eux, nous citerons le *Miracle de Théophile* qui a pour auteur *Rutebeuf*, l'un des plus célèbres trouvères du XIIIᵉ siècle, et pour sujet l'apostasie, puis le repentir de Théophile, vidame de l'église d'Adana, en Cilicie ; puis, il faut mentionner à la même époque, le *Jeu de Saint-Nicolas*, où l'auteur, *Jean Bodel*, raconte comment saint Nicolas contraignit des voleurs à restituer un trésor déposé sous sa garde ; le miracle se passe chez les infidèles, et des allusions aux récentes croisades de saint Louis viennent doubler l'intérêt qu'il présente. Une des dernières confréries qui eut le privilège de représenter des mystères, fut la confrérie de la Passion, qui est restée la plus célèbre. Fondée par des bourgeois de Paris, appartenant aux divers corps de métiers, elle donna, d'abord à Saint-Maur, puis à l'hôpital de la Trinité, dont ils louèrent une pièce aux religieux Prémontrés, divers spectacles pieux tirés du nouveau Testament ; c'est sur une scène à trois étages, représentant le ciel, l'enfer, et le monde entre les deux, que fut joué, devant un public passionné, cet étrange et sublime *mystère de la Passion*, dont le plan avait été tracé par saint Paul lui-même. La durée des représentations de ce genre excédait bien souvent celle d'un jour ; aussi acteurs et spectateurs se donnaient-ils rendez-vous au dimanche suivant, et l'on continuait parfois pendant plusieurs mois, sans fatigue, sans impatience, l'interminable drame.

Ici s'arrête l'histoire du théâtre religieux du moyen-
âge. Aux approches de la *Renaissance*, la foi des premiers âges diminua, et avec elle disparut peu à peu
l'intérêt qui s'attachait naguère aux drames tirés des
Saintes Écritures. Bientôt, ce théâtre semi-barbare
excita le dédain du peuple, comme il excitait déjà celui
des lettrés, et un arrêt du Parlement (1548), interdit à
jamais la représentation des mystères.

En quoi a consisté la Réforme littéraire opérée par Ronsard.

(5 août 1884) et (6 novembre 1885)

DÉVELOPPEMENT.— C'est une curieuse destinée que celle
de Ronsard qui fut l'idole de sa génération et « vit dans
l'âge suivant, par un retour grotesque, » tomber son
nom tant loué dans un oublieux dédain. On a revisé, de
nos jours, le procès de ce poète réformateur, tour à tour
héros et martyr, et l'on a découvert qu'il a été tout ensemble trop loué et trop dénigré, bref qu'il ne mé-
ritait « ni cet excès d'honneur ni cette indignité, »
ni les adorations de ses contemporains, ni les injures
sommaires de Boileau. Mais en quoi a consisté la réforme littéraire qu'il opéra et qui lui valut tant de faveur
d'abord, tant de haine ensuite ? Il se proposa un double
but : réformer la poésie, réformer la langue dont elle se
sert.

La première de ces deux tentatives eut d'abord le
mérite de venir à son heure et d'être nécessitée par les circonstances : la poésie française du moyen âge venait
de mourir avec Marot, et Mellin de Saint-Gelais, son
disciple, s'essayait en vain à la faire revivre dans les
cadres puérils de la ballade et du rondeau ; il fallait donc
trouver une inspiration nouvelle, un art nouveau. Ronsard, à l'instigation de du Bellay, qui venait de publier

(1548) son manifeste célèbre intitulé *Défense et Illustration de la Langue française*, se fit le promoteur de cette rénovation poétique ; élevé dans le culte et l'amour de l'antiquité retrouvée, c'est à elle qu'il emprunta les éléments de la Réforme qu'il méditait, et, rejetant les formes de notre ancienne poésie française, il introduisit brusquement dans notre langue l'hymne, l'épopée, l'ode, la tragédie. Sans doute, il y eut trop de précipitation dans cette tentative de rajeunissement, ou mieux de rénovation de notre poésie : Ronsard, comme on l'a dit, y apporta plus d'enthousiasme que de goût, plus de ferveur érudite que de génie poétique, et prit trop souvent l'imitation pour de l'inspiration. Mais, si le talent, à la fois élevé et souple, qu'il déploya pour acclimater en France les genres de l'antiquité classique, ne mérite pas l'admiration, voisine du fétichisme, que son siècle lui avait vouée, sachons du moins reconnaître qu'une réforme de notre poésie était urgente, et qu'il y eut pour Ronsard quelque gloire et quelque grandeur à la tenter et à l'accomplir. C'est, du reste, la partie de son œuvre qui lui a survécu ; la poésie française, lancée par lui dans la voie féconde de l'imitation des anciens, s'y maintint pendant plus de deux cents ans, et, si nous y avons perdu pour un temps, quelque peu de notre génie national, nous y avons gagné, par une glorieuse compensation, les chefs-d'œuvre du XVIIe siècle.

La réforme de la langue, disons-le tout de suite, fut moins heureuse. Sans doute, elle s'imposait, et l'on ne pouvait renouveler la poésie sans renouveler du même coup la langue poétique : Ronsard eut donc raison de croire qu'à un art nouveau, il fallait une langue nouvelle ; il comprit que le français du moyen-âge n'avait pas l'ampleur et la majesté que réclamaient les genres élevés qu'il venait d'importer, et il se mit à l'œuvre pour créer de toutes pièces une langue épique, lyrique, dramatique. Mais c'est là que fut son erreur, car les langues ne s'improvisent pas et ne sauraient être l'œuvre d'un homme ou d'une école ; ce sont, comme on l'a dit, des terrains d'alluvion créés par le temps, et chaque transformation qu'elles subissent doit être le produit de la collaboration instinctive et continue de tout un peuple. Ronsard fit donc fausse route en créant d'emblée, pour les idées nouvelles qu'il avait transplantées, des mots nouveaux empruntés aux sources grecque et latine sans ménagement comme sans souci du génie de notre langue ; la dérivation a ses règles particulières dans notre idiome comme dans tout autre, et il ne suffit pas, pour donner droit de cité aux mots étrangers, de les affubler d'une terminaison française, comme le firent les poètes de la Pléïade. Aussi cette deuxième partie de la Réforme littéraire, opérée par Ronsard, ne lui survécut pas. A peine fut-il mort que ceux dont sa gloire avaient, lui vivant, forcé le silence et le respect, s'emportèrent librement contre cette langue artificielle, que les disciples du poète avaient encore obscurcie et décolorée, en s'ingéniant non plus seulement à créer à pleines mains des mots nouveaux, mais à refaire les mots existants et à remanier la langue en prenant le latin pour modèle. Elle périt sous les coups répétés de Malherbe, qui apporta à cette œuvre de destruction autant d'étroite obstination que de judicieux bon sens.

En résumé, si nous voulons juger Ronsard avec équité, nous dirons que des deux réformes qu'il tenta, celle de la poésie, en important chez nous des genres inconnus à nos pères, fut seule féconde et durable, tandis que celle de la langue échoua complètement. Ce n'est pas que, dans cette dernière, Ronsard n'ait apporté çà et là quelques idées heureuses, entre autres celle d'enrichir la langue par le *provignement* de vieux mots et l'étude des patois ; mais le principe en était faux. Aussi ses vers, dont plusieurs témoignent pourtant qu'il n'était pas sans génie, ne furent-ils goûtés que par la

génération de lettrés et d'érudits à laquelle il appartenait, et il ne fut plus après sa mort qu'un poète incompris, aussi peu français que les poètes de Rome ou
d'Athènes.

Que savez-vous de la fondation de l'Aca-
démie, et de l'influence que cette compa-
gnie a exercée sur la langue de la Litté-
rature au XVIIe siècle.

(20 novembre 1885)

DÉVELOPPEMENT. — Au xvie siècle, *Antoine de Baïf*,
de concert avec ses amis Ronsard, du Bellay, comme
lui élèves de Jean Dorat, institua, dans un hôtel de la
montagne Sainte-Geneviève une académie qu'il résolut
d'ouvrir aux gentilshommes et aux belles dames du
temps. L'on s'y occupait de grammaire, de poésie, de
métaphysique, de musique, et Baïf, qui était riche et
prodigue, y donnait à souper à une docte et nombreuse
compagnie. En 1570, Charles IX, qui « aimait Baïf,
comme un très excellent homme de lettres, « dit un historien de cette première académie, lui octroya des lettres
patentes, qui furent enregistrées, non sans résistance,
par le Parlement, et malgré l'opposition de l'Université.
A l'exemple de son prédécesseur, Henri III se déclara
le protecteur et l'auditeur de cette académie, qu'il sou-
tint de ses deniers, et combla de faveurs Antoine de
Baïf, en lui fournissant les moyens « d'entretenir aux
études quelques gens de lettres, de régaler chez lui tous
les savants de son siècle, et de tenir bonne table ; » on
voyait le roi, avec le duc de Guise, le duc de Joyeuse,
et la plupart des seigneurs et des dames de la cour se
rendre aux réunions, pour écouter les discours philoso-

3.

phiques d'Amadis Jamyn et prendre part aux doctes
discussions où figuraient Gui de Pibrac, Sièvre de Ronsard, Desportes, Duperron, Dorat, et plusieurs autres
excellents esprits du siècle. Mais Dorat, Ronsard, mou-
rurent; Baïf les suivit, et l'académie qu'il avait fondée,
disparut dans la grande tourmente de la Ligue.

Cependant l'idée d'Antoine de Baïf était féconde, et
survécut à l'institution que ses amis avaient laissé périr.
Dès 1612, un littérateur, David Rivault, publia une bro-
chure intitulée : *Du dessin d'une académie, et de l'in-*
troduction d'icelle en la cour; mais sa voix n'eut pas
d'écho. Ce ne fut que dix-sept ans plus tard, vers 1629,
que la seconde académie qui devait être l'Académie française prit naissance dans le maison de Conrart; voici à
quelle occasion. Valentin Conrart, conseiller secrétaire
du roi, avait pour cousin l'abbé Godeau, que Richelieu
nomma plus tard évêque de Grasse. Godeau envoyait
souvent des vers à son parent, en le priant de lui donner
son avis ; un jour, Conrart invita ses amis à venir lire
les poésies de Godeau, et cette première réunion fut si
animée qu'on se promit, en se quittant, de se réunir
encore. Telle fut l'origine première de l'Académie. La
demeure de Conrart, qui en fut le berceau, était une
maison spacieuse, située rue Saint-Martin, et l'on s'y
donna rendez-vous, une fois la semaine, pour deviser
en soupant gaîment, sur tout ce qui se passait dans la
République des Lettres. L'Académie naissante se composa de Conrart, Chapelain, Gombault, Habert, Géry,
l'abbé de Cerisy, Malleville et Serisay, auxquels Godeau
ne tarda pas à se joindre, venant ainsi siéger parmi ses
juges. Ces neuf membres virent bientôt s'accroître leur
nombre ; Malleville introduisit Faret, qui amena, à son
tour, Desmarets et l'abbé de Boisrobert. C'est alors
qu'informé par ce dernier, des doctes occupations de ces
beaux esprits, Richelieu leur offrit sa toute puissante
protection ; malgré la résistance de Serisay, Malleville

et plusieurs autres, il fut décidé qu'on accepterait, et
Boisrobert, qui, en sa qualité de poète ordinaire de Richelieu, s'était chargé des négociations, s'empressa
d'annoncer au Cardinal le succès de sa mission. L'Académie rédigea elle-même ses statuts et prit le titre
d'*Académie française*, tandis qu'auparavant elle était
désignée indifféremment par les noms d'*Académie des
Beaux-Esprits*, d'*Académie d'Éloquence*, d'*Académie
éminente*. Les lettres patentes de sa fondation furent
signées le 2 janvier 1635, par le chancelier Séguier,
« magistrat éclairé et amateur des Lettres », dit Fénelon ;
ce fut lui qui, après la mort de Richelieu (1642), prit la
société, dont il était membre, sous sa haute protection,
et quand il mourut à son tour (1672), Louis XIV lui-
même se déclara protecteur de l'Académie, à laquelle
il donna le logement au Louvre, les fauteuils, quarante
jetons de présence pour les quarante membres, et six
cents volumes qui furent le premier fonds de la Biblio-
thèque actuelle de l'Institut.

Telles furent les circonstances qui accompagnèrent la
fondation de l'Académie. Mais quel fut son rôle au XVIIe
siècle, et quelle influence exerça-t-elle sur la langue de
cette époque, qui l'avait vue naître ?

Le rôle qu'elle s'imposa se trouve merveilleusement
défini dans le discours qui fut prononcé à la séance
d'ouverture. Il y est dit « que notre langue, déjà plus
parfaite que pas une des autres vivantes, pourrait bien
enfin succéder à la latine, comme la latine succéda à la
grecque, si on prenait plus de soin qu'on n'avait fait
jusqu'ici de l'élocution ; » qu'il fallait donc tirer du
nombre des langues barbares cette langue que nous
parlons, et que, pour cela, les académiciens devraient
s'appliquer « à la nettoyer des ordures qu'elle avait con-
tractées, ou dans la bouche du peuple, ou dans la foule
du palais, ou par les mauvais usages des courtisans
ignorants, ou par l'abus de ceux qui la corrompent en

l'écrivant, etc. » Cette tâche difficile et glorieuse, l'Académie sut la mener à bien. Sans doute les salons, dont l'influence fut si grande à cette date, l'aidèrent puissamment dans cette épuration, qu'elle entreprit de faire subir à la langue ; mais il est juste de reconnaître qu'elle y contribua pour une très large part, et Fénelon, constatant un demi siècle plus tard les résultats acquis, put dire, en toute assurance et devant l'Académie elle-même : « Depuis que des hommes savants et judicieux ont remonté aux véritables règles, on n'abuse plus comme autrefois de l'esprit et de la parole ; on a pris un genre d'écrire plus simple, plus naturel, plus court, plus nerveux, plus précis. » Cette réforme du goût et de la langue qui prévint et rendit possibles les chefs-d'œuvre du grand Siècle, eut pour principal artisan, parmi les académiciens, un homme que Boileau appelle le plus sage des écrivains, Vaugelas. Observateur judicieux, il s'étudia à distinguer le bon usage du mauvais, à bannir du langage tout mot qui cessait d'être employé « par la plus saine partie de la cour, » et par « la plus saine partie des auteurs du temps », et il déploya tant de tact et d'impartialité dans ce travail d'élimination qu'il vit les écrivains, même ceux qui travaillèrent à le combattre, se soumettre à ses arrêts et renoncer aux mauvais mots qu'il avait proscrits dans ses *Remarques*. Bref, c'est grâce au ferme bon sens de ce grammairien de génie qu'on vit les poètes et prosateurs du xviie siècle « ramener leurs pensées aux principes de la raison » et écrire avec une perfection de style qui n'a pas été dépassée ; aussi, quoique bien d'autres, notamment Balzac, Boileau, aient travaillé efficacement au perfectionnement du style, il est permis de dire que l'Académie dut à Vaugelas une bonne part de l'influence qu'elle exerça sur la langue de la Littérature à cette époque.

Indiquer et caractériser les moralistes français du XVIIe siècle.

(18 novembre 1885)

DÉVELOPPEMENT. — Le genre d'ouvrages que nous allons caractériser en quelques mots se rencontre surtout au xviie siècle : avant cette époque, nous trouvons bien en effet, dans l'âge précédent, Montaigne et Charron ; mais sans parler de Charron qui n'a fait que suivre d'assez loin son modèle

Sequitur..... non passibus æquis,

les observations si fines et si délicates que nous a laissées Montaigne, sont subordonnées à un point de vue spécial qui les domine et leur donne une physionomie particulière, la préoccupation du scepticisme. D'un autre côté, nous voyons les écrivains qui ont traité des mœurs au xviiie siècle (excepté toutefois Vauvenargues), dominés par une tout autre préoccupation, celle de la révolution sociale qui s'élabore lentement dans la région des idées, et se répand peu à peu dans celle de l'action. — Au xviie siècle, rien de semblable : les moralistes ne sont que de profonds et délicats observateurs de la nature humaine, et c'est à eux que peut s'appliquer, par excellence, la définition de M. Nisard : « Des écrivains, prosateurs ou poètes, qui traitent des mœurs, non parmi d'autres choses, mais à part, et comme sujet unique » (*Hist. de la Litt. fr.*, III, p. 166).

Quatre grands noms composent la liste des moralistes au xviie siècle : Pascal (1), La Rochefoucauld, La Bruyère (2), Nicole.

1. V. Urbain et Jamey, *Les classiques français du Baccalauréat*, Tome I, p. 143-261 (Librairie Croville-Morant et Foucart, Paris).

2. *Id., id.*, p. 262-317.

Au point de vue qui nous occupe, on peut dire qu'il y a deux hommes dans Pascal : le moraliste des *Provinciales*, et celui des *Pensées*, car dans chacun de ces deux livres l'inspiration est très différente. On sait que les *Petites Lettres* ont été composées pour défendre Port-Royal contre les Jésuites dans la querelle du Jansénisme ; mais les questions de dogme sur la grâce sanctifiante et sur la grâce efficace ont été bientôt reléguées au second plan, et la défense n'a pas tardé à se changer en attaque : dès lors, au lieu de répondre seulement aux Jésuites, Pascal n'hésite pas à porter à son tour la guerre dans leur camp, et à faire le siège en règle de la morale casuiste. — Dans les *Pensées*, nous trouvons un tout autre homme : tout entier au problème de notre nature et de notre destinée, il nous force à rentrer en nous-mêmes, et après nous avoir montré les contradictions fondamentales qui font de l'homme « un monstre incompréhensible », « juge de toutes choses, imbécile, ver de terre, dépositaire du vrai, cloaque d'incertitude et d'erreur, gloire et rebut de l'univers », il s'écrie : « Qui démêlera cet embrouillement ? » — Un dogme l'a fait, et c'est le seul qui puisse rendre raison de ces étonnantes contradictions de notre nature : le dogme de la chute originelle. Nos misères, en effet, sont des « misères de grand seigneur dépossédé », et elles nous font mieux sentir notre origine illustre ; l'homme a donc été fait pour une destinée meilleure, il doit le comprendre, et ces austères réflexions doivent remplir sa vie, s'imposent à sa méditation. « Je trouve bon, dit-il, qu'on n'approfondisse pas l'opinion de Copernic ; mais ceci : il importe à toute la vie de savoir si l'âme est mortelle ou immortelle » (*Pensées*, XXIV). — Pascal est donc un moraliste religieux, et l'on sait combien de tortures et d'angoisses accompagnent sa foi ardente et opiniâtre.

Tout autre est la physionomie de La Rochefoucauld.

Sa morale est une morale triste et profondément scepti-
que : on sent à chaque page des *Maximes* un honnête
homme désabusé, devenu misanthrope parce qu'il a vu
les hommes de trop près, et qui ne veut plus croire ni
au désintéressement, ni à l'abnégation, ni à aucune
vertu humaine. Le moyen, en effet, pour un homme
qui a été mêlé aux misérables intrigues et aux mes-
quines compétitions d'amour-propre de la Fronde, de
croire encore que l'amour-propre, l'intérêt, l'égoïsme
ne sont pas au fond de toutes nos actions, et que les vertus ne vont pas se perdre dans l'intérêt « comme les
fleuves dans la mer » ? Un délicat et ingénieux critique
l'a dit : « La Rochefoucauld est certainement le plus fin
et peut-être le plus profond des moralistes qui ont fait
la guerre à l'orgueil de l'homme » (*Prévost-Paradol*).

La Bruyère n'a pas ces préoccupations sceptiques et
moroses. Sans doute, comme l'auteur des *Maximes*, il
voit

> cent choses tous les jours
> Qui pourraient mieux aller, suivant un autre cours ;

et plus d'un trait que nous retrouvons dans les *Caractè-*
res fait allusion à des imperfections de la nature humaine
dont il a eu personnellement à souffrir ; mais il se con-
tente d'être un peintre minutieux et exact. Il ne cherche
pas la source cachée des sentiments humains, il n'affiche
pas de grands principes de morale, et évite tout appa-
reil de pédantisme ; il s'attache seulement à l'aspect et
à la physionomie extérieure, en quelque sorte, des passions et plus encore des défauts et des travers humains.
« Mais comme les dehors de nos passions ne changent
guère et s'accommodent seulement à la variété des temps
et des lieux, il a plus d'une fois touché ce qui ne passe
pas à travers ce qui passe, et l'homme éternel se rencontre souvent dans son livre à côté de l'homme de
son siècle et de son pays. » (*Prévost-Paradol*).

Plus sévère et plus rigide est le ton des *Essais de morale* de Nicole ; on y sent partout le janséniste austère que madame de Sévigné comparait à Pascal, « c'est de la même étoffe », dit-elle. Sans doute sa morale, comme celle de Pascal, est dominée par des préoccupations toutes chrétiennes ; il y a une élévation et une austérité qui tiennent assez bien leur place à côté de celles des *Pensées* ; mais on y sent moins de chaleur, moins d'anxiété, moins de ces tortures intimes empreintes à chaque page des *Pensées*, et qui en font un drame vivant !

Enfin, pour être juste envers une mémoire un peu effacée, citons Saint-Évremond, dont la morale, sans grande élévation, se rapproche un peu du *carpe diem* d'Horace.

Après cette énumération, on voit comment le xviie siècle a amassé une riche moisson d'observations psychologiques fines, ingénieuses et profondes, non sur l'homme contemporain de La Bruyère ou de La Rochefoucauld, mais sur l'homme de tous les temps et de tous les pays.

Qu'appelle-t-on critique littéraire ? Quels sont, en français, les principaux ouvrages de critique littéraire, antérieurs au XIXe siècle ?

(19 novembre 1885)

PLAN. — La critique littéraire est l'art d'apprécier les mérites et les défauts des ouvrages de l'esprit. Autrefois, la critique était dogmatique, car on jugeait les œuvres littéraires en elles-mêmes ; aujourd'hui, on se préoccupe plutôt de les expliquer que de les juger, et la critique, devenue historique, étudie l'homme en même temps que son œuvre.

Parmi les ouvrages de critique littéraire, antérieurs au XIXᵉ siècle, on peut citer : les *Sentiments de l'Académie sur le Cid* (1637), jugement en forme provoqué par les *Observations sur le Cid*, de Scudéry ; les *Réflexions sur la tragédie et la comédie*, de Saint-Evremond (1613-1703) ; les *Examens* (1660), de Corneille, sur ses propres tragédies ; les *Satires* (1660-1705), de Boileau, ses *Réflexions sur Longin* (1693-1710), composées en réponse aux fameux *Parallèles*, de Charles Perrault (1628-1703) et l'*Art Poétique* ; les deux Chapitres intitulés : *Des ouvrages de l'esprit et de la chaire* dans les *Caractères* (1688), de la Bruyère ; la *Lettre à l'Académie* (1714), de Fénelon, ses *Dialogues sur l'Éloquence* et ses *Lettres à La Motte sur Homère et les anciens* ; le *Discours sur le style*, de Buffon ; le *Temple du goût* (1732), de Voltaire, le 32ᵉ chapitre de son *Siècle de Louis XIV* (1751) et son *Commentaire sur Corneille* (1764) ; les *Réflexions critiques sur quelques poètes* (1747), de Vauvenargues ; les *Réflexions sur la poésie et l'art dramatique*, de Louis Racine (1692-1763) ; enfin le *Lycée*, de la Harpe (1739-1803) et le *Cours de Littérature*, de Marmontel.

Qu'est-ce qu'un moraliste ? Quels sont les principaux moralistes français ?

(18 août 1884)

PLAN. — Le titre de moraliste, entendu *largo sensu*, peut être donné à plusieurs catégories d'écrivains ; mais dans un sens restreint, il s'applique à un auteur qui donne des préceptes, des maximes, ou qui expose tout un système de morale ou d'éducation.

Les principaux moralistes de notre littérature sont :

Montaigne (1), et son ami La Boétie, Charron, Pascal, La Rochefoucauld, La Bruyère et Vauvenargues.

Indiquer sommairement le genre de chacun d'eux, et faire la part de l'éloge et de la critique, tant pour les idées que pour le style (*voy. plus haut*, p. 49).

II. — DISSERTATIONS LITTÉRAIRES ANALYSES

Analyser le caractère d'Achille dans Homère.

(13 août 1885)

Plan. — Les principaux traits du caractère de l'Achille homérique se trouvent consignés dans ces vers de l'*Épître aux Pisons* (*Art poétique*), d'Horace :

> Scriptor, honoratum si forte reponis Achillem,
> Impiger, iracundus, inexorabilis, acer,....

Dès le premier chant de l'*Iliade*, le caractère *fougueux* et *irascible* d'Achille se révèle dans sa dispute avec Agamemnon. Furieux contre le roi des rois qui lui a ravi Briséis, sa captive, il se retire sur ses vaisseaux et jure de ne plus prendre part à la guerre. Ce serment, qu'il a prononcé sous l'empire de la colère, il le tiendra pendant toute la durée du poème ; ce qui a fait dire à Boileau :

> Le seul courroux d'Achille, avec art ménagé,
> Remplit abondamment une *Iliade* entière.

Il reste *inexorable*, et rien ne peut le fléchir, ni les prières d'Ulysse, de Phénix et d'Ajax (ch. IX), qu'on lui députe après une première défaite, ni Patrocle, son

---

1. Urbain et Jamey, les *Classiques français du Baccalauréat*. Tome I, p. 75-142 (2 vol. in-12, prix : 8 fr. — Paris, librairie Croville-Morant et Foucart, 20, rue de la Sorbonne).

fidèle ami, qui le conjure de reprendre les armes quand Hector attaque les Grecs jusque sur leurs vaisseaux. Mais soudain Patrocle, auquel il a confié ses armes, tombe frappé par Hector. A cette nouvelle, Achille s'abandonne aux transports d'une douleur sauvage ; il abjure sa résolution et se dispose à venger la mort de son ami. Le jour suivant, il extermine l'armée troyenne et traîne le cadavre d'Hector autour de Troie consternée. Puis il rend à Patrocle les derniers devoirs, et dans les jeux qu'il célèbre autour de son bûcher, il immole un grand nombre de prisonniers troyens.

Ainsi, irascible, inexorable, sans mesure dans la douleur ni dans la vengeance, tel est le caractère qu'Homère prête à son héros ; mais il a su tempérer la rudesse un peu barbare de ce naturel farouche en mettant dans son âme deux sentiments qui nous le rendent sympathique : l'amitié qu'il éprouve pour Patrocle et la pitié qui l'émeut, quand, touché des larmes de Priam, il lui rend le corps d'Hector.

Du pathétique dans l'éloquence de Cicéron ; donner des exemples empruntés soit aux Catilinaires, soit aux Verrines, soit aux Philippiques.

(28 juillet 1885)

DÉVELOPPEMENT. — L'éloquence ne s'apprend pas, quoi qu'en aient dit les rhéteurs de l'antiquité ; de même que la poésie, elle est un don de la nature. La passion est le grand ressort de toutes deux. Pour atteindre à l'éloquence, il faut avoir un naturel sensible, prompt à s'émouvoir, et l'art de faire partager son émotion.

Cicéron voit la source de l'éloquence dans une perpétuelle agitation de l'âme, « *perpetua quædam animi*

jactatio », et chez nous, Fénelon a dit que la passion
est comme l'âme de la parole.

Cette émotion, nous le savons, se communique naturellement aux auditeurs ; cette contagion, pour ainsi
dire, naît d'un instinct très puissant de la nature humaine, l'instinct de sympathie ; c'est ce que dit Horace
dans son *Art poétique* :

> Ut ridentibus arrident, ita flentibus adflent
> Humani vultus. Si vis me flere, dolendum est
> Primum ipsi tibi.

« Nous pleurons avec ceux qui pleurent comme
nous rions avec ceux qui rient ; si vous voulez que je
verse des larmes, il faut vous-même en verser le premier. » Cicéron lui-même l'a prouvé dans un passage où
il a joint l'exemple au précepte :

« Il est impossible que la douleur, la colère, l'indignation, la terreur s'emparent de l'auditoire, pas plus
que la compassion et les pleurs, si l'orateur ne se montre
pas lui-même pénétré intimement de tous ces sentiments
qu'il veut communiquer aux juges. Car il est malaisé
de remplir ces hommes de colère par votre seule parole,
si vous vous montrez calme et impassible ; il n'est pas
de matière si combustible qui puisse s'allumer sans
feu. Et il ne faut pas croire qu'un homme ait peine à
éprouver aussi souvent la colère, la douleur et tous les
autres troubles de la passion pour des intérêts étrangers ; il n'est pas besoin de feinte ; la vertu même de
l'éloquence émeut l'orateur plus vivement qu'aucun de
ses auditeurs. »

Il n'est donc pas suffisant de défendre une bonne
cause et de le prouver pour atteindre pleinement son
but ; après avoir parlé à la raison, l'avoir résolue, il
faut persuader, c'est-à-dire amener autrui où l'on veut
en venir, agir sur sa volonté ; c'est vraiment là le but
et l'efficacité de l'éloquence.

Mais, pour obtenir la persuasion, il ne suffit pas de l'éclat et de la force des idées prises en elles-mêmes ; tout dépend du caractère et des dispositions de l'auditoire sur lequel on veut agir par la parole. Il faut en général, garder pour la fin ce qui doit frapper le plus fortement les auditeurs.

Ce n'est pas encore tout ; après avoir eu égard aux dispositions de ceux qui l'écoutent, l'orateur doit apporter la gradation et la mesure dans l'emploi qu'il fait du pathétique. L'homme n'est pas si accessible à la passion qu'il n'ait besoin d'être préparé à la recevoir. Le cœur ne s'échauffe que graduellement. De plus, l'émotion se refroidit et s'éteint plus facilement qu'elle ne s'augmente. Rien ne sèche plus vite que les larmes. L'orateur qui prolongerait outre mesure le ton pathétique ennuierait son auditoire et manquerait son but.

Aucun orateur de l'antiquité n'a su manier plus habilement et plus à propos le pathétique que Cicéron. Soit que l'on considère les *Catilinaires*, les *Verrines* ou les *Philippiques*, des exemples abondent, et seraient nombreux à citer, où Cicéron, trouvant dans une indignation sincère contre l'accusé des accents passionnés, pénètre les juges d'émotion et terrasse son adversaire, qui demeure sans réplique. Quel coup de théâtre inattendu que sa fameuse apostrophe : « *Quo usque tandem, Catilina, abutere patientia nostra ?* » etc. Quelle force et quelle simplicité dans cette gradation où il flétrit la cruauté de Verrès : « *Facinus est vinciri civem Romanum, scelus verberari ; quid dicam in crucem tolli ?* »

Il faut dire aussi que la plupart des discours judiciaires de Cicéron sont des œuvres de cabinet, où les effets à produire pouvaient être préparés soigneusement. Mais Cicéron n'en reste pas moins l'orateur judiciaire par excellence. D'une grande habileté dans ses exordes, il met dans l'argumentation tantôt la vivacité et la précision, tantôt l'abondance et la grandeur ; il attaque avec véhémence, raille et confond les adversaires comme en se jouant ; ajoutons à cela le mouvement et le pathétique de son éloquence, et nous avons signalé les principales marques de sa supériorité dans le genre oratoire.

Dire en quoi l'Enéide de Virgile est un poème national et vraiment romain.

(25 juillet 1885)

DÉVELOPPEMENT (1). — On peut dire que Virgile a composé ses poèmes sous l'inspiration du patriotisme et de la reconnaissance qu'il devait à Auguste, son protecteur. Les *Bucoliques* présentent plusieurs allusions aux bienfaits dont Octave avait comblé le poète en lui conservant son patrimoine ; les *Géorgiques* sont encore un témoignage de la gratitude de Virgile envers l'empereur ; en effet, il composa ce poème en grande partie pour seconder la politique d'Auguste, qui était de remettre l'agriculture en honneur chez les Romains ; c'était à la fois travailler pour son bienfaiteur et pour son pays. C'est encore sous la même inspiration qu'il composa l'*Enéide*.

Le principal devancier de Virgile dans le genre épique était Ennius, qui avait raconté dans ses vers les vieilles légendes relatives à la fondation de Rome ; mais, plus préoccupé de faire une œuvre historique que d'être poète, l'auteur des *Annales* ne réussit qu'à faire une compilation ; son plus grand mérite est d'avoir transporté l'hexamètre grec dans sa langue, et d'avoir assez bien manié cet instrument nouveau pour laisser quelques beaux vers.

---

1. V Ch. Urbain, *Précis d'un cours de littérature.* Ch. I. Art. 1, p. 168 et 175.

D'ailleurs, Ennius vivait à une époque où l'influence de la Grèce était encore peu sensible ; or, la littérature romaine ne commença à produire des œuvres de génie qu'à partir du moment où elle se fit l'élève d'Athènes.

Virgile, au contraire, vécut au temps où l'influence hellénique était prépondérante. Il ne fit point, il est vrai, le pèlerinage de Grèce, qui était le complément et le couronnement obligé de toute éducation libérale; mais il fut à Naples le disciple du Grec Parthénius. Il médita longtemps un poème épique en l'honneur de sa patrie ; l'*Iliade* et l'*Odyssée* furent ses modèles de prédilection ; il y choisit, pour son sujet, la légende d'Enée transportant en Italie les dieux et les destinées de Troie. Cette légende était tout-à-fait populaire à Rome; c'est pourquoi, tout le public d'alors, connaissant le sujet du poème auquel Virgile travaillait, y applaudissait à l'avance et attendait avec patience et orgueil cette glorification de son origine. Properce, plein d'enthousiasme, s'écriait :

> Cedite, Romani scriptores, cedite, Graii;
> Nescio quid majus nascitur Iliade.

Le sujet du poème était donc bien national et romain ; la façon dont Virgile l'a conçu et développé ne fit que renforcer ce caractère. Dès les premiers vers, il accuse très clairement son intention.

> ...Genus unde Latinum,
> Albanique patres, atque altæ mænia Romæ.

Quelques vers plus loin, il nous parle de Carthage, la puissante rivale de Rome, qui était anéantie à cette époque et dont le souvenir ne pouvait qu'exciter l'enthousiasme chez les descendants des vainqueurs d'Annibal. Il nous montre la divinité intervenant et suscitant mille obstacles à la fondation de Rome, l'implacable Junon poursuivant sur terre et sur mer les restes de la race qu'elle maudit ; ou au contraire, il nous rappelle la part que prend Vénus, mère d'Énée, à l'accomplissement des destins et la protection qu'elle ne cesse de lui accorder. D'ailleurs, les oracles le guident, lui prédisent la fin de ses tribulations dès qu'il aura touché terre en Italie, et lui révèlent la gloire de la ville qu'il doit fonder.

Mais c'est surtout dans le sixième livre que Virgile a rassemblé tout ce qui pouvait flatter l'orgueil romain. Les prédictions d'Anchise à son fils sont un tableau flatteur de l'avenir de Rome ; le poète en a pris occasion pour adresser indirectement à Auguste une louange délicate et dictée par sa reconnaissance personnelle autant que par une sincère admiration ; Anchise annonce à Énée le plus glorieux de ses descendants dans ces termes :

> Augustus Cæsar, divi genus, aurea condet
> Sæcula qui rursus Latio, etc.

Ainsi le plan général de l'*Énéide* se réduit à ceci : Arrivée d'Énée, protégé par les dieux, dans le Latium ; naissance et progrès de Rome ; sa domination universelle ratifiée, voulue même par la divinité ; pacification générale et établissement de l'ordre partout, couronnement nécessaire et grandiose de plusieurs siècles de conquêtes et de gloire ; glorification d'Auguste, à qui est dû ce second âge d'or.

On le voit, tout ce dont se glorifiait un Romain était consacré dans le poème de Virgile : origine divine de la race, naissance merveilleuse et fatale de Rome, son éternité promise par le père des dieux lui-même :

> Imperium sine fine dedi...

sa domination légitimée par le destin :

> Tu regere imperio populos, Romane, memento.

Comment l'*Énéide* n'aurait-elle pas enthousiasmé les

Romains, et comment son auteur n'aurait-il pas été populaire, si l'on songe au culte de ce peuple pour ses origines fabuleuses et à sa soif de despotisme et de gloire ?

Marquer les principaux traits du caractère romain d'après la « Grandeur et décadence des Romains », de Montesquieu.

(10 novembre 1885)

Plan (1). — Pour Montesquieu, le trait principal du caractère des Romains est *l'esprit guerrier* qui les anima dès les premiers temps de la fondation de Rome et les poussa à s'agrandir jusqu'à ce qu'ils aient étendu leur domination sur tous les peuples.

De cet *esprit guerrier*, il fait ensuite dériver toutes les autres vertus qu'on attribue d'ordinaire aux Romains : la *valeur*, la *constance* nécessaires à « une nation toujours en guerre et par principe de gouvernement » ; « *l'amour de la patrie*, la *passion de la gloire*, sentiments naturels à un peuple qui se croyait né pour commander aux autres ; *l'esprit de gouvernement*, *le génie administratif*, qu'il fallait posséder pour maintenir dans la soumission tant de sujets et d'alliés, et pour administrer tant de conquêtes. » Tels sont, d'après Montesquieu, les principaux traits du caractère romain, et qui ont leur racine, selon lui, dans cet *esprit militaire* qui fit leur grandeur et dont la perte causa leur décadence.

---

1. Urbain et Jamey, *Les classiques français du Baccalauréat* ; Tome I. p. 602 sqq.

4

Comment Racine a-t-il pu dire (seconde préface de Britannicus) que Tacite était le plus grand peintre de l'antiquité.

(30 juillet 1885)

DÉVELOPPEMENT. — Racine avait puisé dans les *Annales* de Tacite les données de sa tragédie de *Britannicus*, la « *pièce des connaisseurs.* » Il avait apprécié, plus que personne, et en grand peintre des passions humaines, les vivants et énergiques tableaux du sévère historien. Il tira largement parti de ce modèle inimitable, mais il le fit avec un art et une originalité tels que sa pièce est digne de figurer à côté de l'œuvre de Tacite.

Les Histoires, aussi bien que les Annales, méritent à leur auteur le titre glorieux que Racine lui a donné. Un critique a comparé une certaine partie de cet ouvrage à un poème épique, tant pour la nature des faits qui y sont rapportés que pour la forme majestueuse et presque poétique que l'auteur lui a donnée.

Il fut donné à Tacite d'être apprécié de ses contemporains, bonheur assez rare pour un homme de génie, et la postérité a ratifié le jugement de son siècle. Il faut toutefois mentionner les controverses qui, depuis la Renaissance, ont été soulevées à son sujet. Des puristes rigoureux ont attaqué son style et mis au second plan celui que Bossuet appelle le plus grave des historiens, et Racine le plus grand peintre de l'antiquité. Il est vrai de dire que sa langue n'est pas celle de Cicéron ; le temps qui les sépare avait suffi pour modifier sensiblement la diction d'un auteur. Les hellénismes qui, d'abord, n'avaient été accueillis qu'en poésie, avaient insensiblement envahi la prose. Mais, ce que personne ne peut refuser à Tacite, c'est ce style souple et coloré, qui est susceptible de tous les tons, cette originalité, cette sincérité, cette hardiesse d'un esprit qui sent fortement, cette concision qui dit tout ce qu'il faut, mais rien de plus, et qui n'exclut aucun des ornements et des charmes du langage. Tels sont les caractères du style de Tacite, qu'on ne peut comparer à celui d'aucun autre écrivain, quoiqu'on ait voulu quelquefois le rapprocher de celui de Salluste, qui, avec d'autres qualités, est néanmoins plus froid. Tacite a une langue à lui, et c'est ce qui a déchaîné contre lui certains critiques un peu étroits dans leurs jugements.

Il ne faut pourtant pas nier qu'il y ait dans Tacite quelques constructions douteuses, quelques expressions trop recherchées, enfin des longueurs et des périodes embrouillées ; ce sont là, dans une œuvre aussi considérable que la sienne, des fautes légères.

> ... quas incuria fudit
> Aut humana parum cavit natura.

Mais il est une qualité qu'on n'a pas souvent signalée dans Tacite ; elle rentre, il est vrai, dans la qualité générale que Racine lui reconnaît, d'être un grand peintre, et pourtant, il est douteux que Racine y ait songé en faisant cet éloge ; c'est l'art de peindre avec fidélité le monde physique, soit qu'il nous représente le champ de bataille de Varus, ou Cécina engagé avec ses légions dans les marais de la Frise, on entrevoit dans sa narration l'horizon brumeux et le ciel grisâtre de la Germanie. « Ainsi, dit M. Burnouf, l'écrivain qui pénétra le plus avant dans les replis du cœur humain est peut-être encore celui qui a trouvé, pour peindre la nature, les couleurs les plus riches et les plus habilement nuancées. »

« La vérité de ses portraits n'est pas moins saisissante, dit encore M. Burnouf. Mais ces odieux modèles, il ne les a pas créés ; et quand il offre à nos regards, ici l'accusateur sans honte comme sans pitié, qui met publiquement la main sur la victime, là le délateur clandestin qui s'adresse tout bas à la cruauté du prince, ailleurs le vil agent qui provoque les complots afin de les dénoncer, on sent que ces personnages sont réels et que l'artiste a pris la nature sur le fait. Non, Tacite ne calomnie pas l'humanité ; il peint sans ménagement, mais sans colère, une société corrompue et des âmes dégradées. Il ne dénigre pas, il fait justice ; il obéit à la loi de son sujet plutôt qu'au penchant de son esprit. L'historien qui nous fait chérir les vertus autant qu'admirer les talents d'Agricola, qui nous montre dans Germanicus la réunion de toutes les qualités aimables sans mélange d'aucun défaut, dans la fille de Soranus, la piété filiale portée jusqu'à l'héroïsme, dans Thraséas, un sage qui égala Caton par l'indépendance de sa vie et Socrate par la gloire de sa mort, cet historien n'est pas un misanthrope qui interprète malignement les actions des hommes et ne voit dans toutes les conduites que le côté blâmable. »

Confirmer par des exemples cette parole de Cicéron : *Litterarum studia nobiscum peregrinantur, rusticantur, in adversis rebus perfugium et solamen præbent.*

(5 août 1885)

DÉVELOPPEMENT. — C'est un fait reconnu de tout temps que les plaisirs de l'esprit sont les seuls qui ne se lassent jamais et qui puissent procurer des distractions et des consolations dans toutes les circonstances de la vie. A la ville, à la campagne, en voyage, dans la bonne ou mauvaise fortune, celui qui aime les lettres porte cette passion partout, partout il cherche à la satisfaire. Voulons-nous en citer des exemples célèbres, les annales des littératures anciennes et modernes nous en offrent une multitude.

Le plus grand poète comique de Rome, Plaute, fut obligé, pour vivre, de tourner la meule dans une pistrine, établissement qui, chez les Romains, réunissait le commerce du meunier et celui du boulanger. Sa passion pour le théâtre l'y suivit, et il composa, dans cette triste situation, trois comédies, aujourd'hui perdues, qu'il vendit aux édiles. Le profit qu'il en retira lui permit d'abandonner ses occupations vulgaires, après les avoir charmées par ses compositions dramatiques.

Cicéron lui-même ne composa-t-il pas la plupart de ses traités philosophiques pendant l'exil où le réduisit Clodius et pendant sa retraite de la vie publique après la bataille de Pharsale?

César, le premier historien romain qui, dans l'ordre chronologique, ait laissé un monument achevé, est aussi un illustre exemple de ce que peut l'amour des lettres sur l'esprit qui le possède ; en effet, ce grand homme a réuni la triple gloire du génie militaire, politique et littéraire. Après avoir débuté assez brillamment au barreau, il se retira à Rhodes et s'y perfectionna dans l'art oratoire sous le rhéteur Apollonius Molon, ancien maître de Cicéron. Au milieu de son existence si remplie et si agitée, l'activité de son esprit était prodigieuse : éloquence, poésie, histoire, grammaire, science astronomique, théologie, César avait tout abordé.

Horace, ruiné après la bataille de Philippes et la mort de son père, se procura une charge de scribe des questeurs ; c'est dans ce modeste emploi qu'il écrivit la plupart de ses épodes et quelques satires. Plus tard, ce fut dans sa campagne de la Sabine qu'il composa ses poésies.

Ovide, aussi connu par ses malheurs que par son talent, après être tombé en disgrâce, fut envoyé en exil à Tomes, sur les bords glacés du Pont-Euxin, et y passa

4.

la fin de sa vie. Il ne cessa, pendant ce temps, de continuer ses poésies ; les *Tristes* sont une sorte de complainte sur ses malheurs et ses souffrances qu'il envoie à sa femme ou à ses amis. Les *Pontiques*, ainsi nommées à cause du lieu d'exil d'Ovide, sont des épîtres qu'il adresse à ses amis, pour qu'ils interviennent auprès d'Auguste.

Si nous passons des Anciens aux Modernes, nous trouvons dans un de nos vieux poètes un exemple encore bien frappant : François Villon, dont l'existence vagabonde eut maints démêlés avec la justice, se vit un jour sous le coup d'une condamnation capitale. Il composa alors pour ses compagnons et pour lui-même une ballade où la peinture du gibet, d'une effrayante vérité, se mêle aux accent du repentir. Dans la prison de Meung, il faisait encore des vers ; « il était poète quand même, et l'inspiration jaillissait pour lui de chaque atteinte du malheur. »

Molière, notre grand comique, n'a pas été apprécié par ses contemporains à sa juste valeur ; il a connu toutes les difficultés matérielles qui découragent et font renoncer. On peut bien dire de lui qu'il a trouvé dans sa passion pour le théâtre « *perfugium et solamen.* »

La Fontaine aussi fut de ceux que leurs méditations suivent partout, qui sont partout sujets aux distractions. Jamais il ne connut l'inquiétude du lendemain, et, sans les généreux protecteurs qui prirent soin de lui comme d'un enfant, le poète aurait été souvent la victime de son insouciance pour la vie pratique.

Voltaire, emprisonné deux fois à la Bastille, alla chercher un asile en Angleterre ; dans son cachot comme dans son exil volontaire, il ne délaissa pas ses occupations favorites, et revint en France avec sa tragédie d'*OEdipe*, d'une part, et de l'autre son poème épique intitulé la *Henriade*.

Jean-Jacques Rousseau, qui nous a tracé dans ses

Confessions le tableau de sa vie si tourmentée, si bizarre, n'a jamais cessé d'écrire, soit qu'il fût en apprentissage, vagabond, laquais, ou secrétaire d'ambassade.

Citons enfin, avant de terminer, André Chénier, qui, en attendant l'échafaud, ne trouva d'autre consolation dans sa prison que de flétrir dans des vers immortels ses bourreaux et leurs complices.

Du genre épistolaire et de ses qualités. Exemples anciens et modernes.

(11 août 1884)

DÉVELOPPEMENT. — Le genre épistolaire est celui de tous qui comporte le plus de liberté, et celui dans lequel presque tout le monde peut prétendre réussir, puisque l'imagination, l'invention, y entre pour bien moins que dans tout autre, et que, d'ailleurs, à d'illustres exceptions près, une correspondance n'est pas destinée à être imprimée. Mais il ne faudrait pas croire, sous prétexte que les lettres d'affaires sont les plus nombreuses, que le genre épistolaire n'admet aucune ou presque aucune qualité littéraire, et qu'une lettre, en général, doit dire le plus possible avec le moins de mots possible. Les qualités essentielles d'une lettre, il est à peine besoin de le dire, sont la sincérité, l'urbanité, la discrétion, qui ne sont pas des qualités littéraires et sur lesquelles nous n'insistons point. Le genre épistolaire demande surtout du naturel, de l'abandon, de la spontanéité ; il ne réclame pas d'ordre rigoureux, de disposition méthodique, de plan arrêté ; il admet une marche irrégulière, capricieuse, pleine d'imprévu, de détours et de surprises. Nous parlons, bien entendu, des lettres familières, dont la matière habituelle est ce qui se passe dans la maison et dans le monde, les mille événements, grands ou petits, dont la vie est parsemée. Et, puisque nous parlons de la vie d'intérieur, il n'est que juste ici de reconnaître que souvent les femmes réussissent mieux que les hommes dans le genre épistolaire. Plus sensibles que l'homme, plus propres à sentir qu'à raisonner, jugeant plus souvent avec le cœur qu'avec l'esprit, elles sont des témoins plus émus de ce qui s'accomplit sous leurs yeux.

Faut-il citer des exemples anciens et modernes d'auteurs ayant porté le genre épistolaire à la perfection? Nous ne citerons que les principaux. Dans l'antiquité, le rôle social de la femme étant bien moindre qu'il ne l'est de nos jours, nous ne connaissons guère de correspondances féminines ayant passé à la postérité. Mais nous possédons nombre de lettres d'hommes politiques ou de célèbres auteurs, dans lesquelles, indépendamment du charme de la forme, nous trouvons de précieux documents historiques et de vivants portraits. Quoi de plus intéressant à tous les points de vue que la correspondance de Cicéron? soit qu'il parle politique et porte sur les triumvirs des jugements mérités, soit qu'il s'entretienne de philosophie ou d'éloquence avec un intime interlocuteur, soit enfin qu'il badine sur des sujets familiers avec Atticus, ses lettres portent toujours ce cachet d'élégance, de simplicité, qui en fait presque des conversations écrites.

Tout autre est la manière de Pline le Jeune, qui vécut, il faut le dire, à une époque plus raffinée, plus blasée, et qui a dû penser à la postérité en écrivant ses lettres. Que de curieuses anecdotes, que de documents littéraires nous trouvons dans cette correspondance élégante et fine!

Arrivons promptement aux modernes, chez lesquels il est plus facile pour nous d'apprécier toutes les qualités que nous avons déclarées nécessaires au genre épistolaire.

Si nous abordons maintenant l'histoire littéraire de notre pays, le premier que nous rencontrons est un poète, Clément Marot, dont les lettres sont écrites en vers comme le reste de ses œuvres ; mais ce qui doit être une lettre en prose, pour le fond, une épître en vers doit l'être de même ; la seule différence est dans la forme ; les épîtres de Marot sont un incomparable modèle du genre ; les plus connues sont adressées au roi François Ier, dont le poète sollicite les bienfaits avec autant de dignité que d'agrément. En nommant Balzac après lui, nous signalons une exception qui confirme la règle ; en effet, les lettres de Balzac se ressentent fort de l'Hôtel de Rambouillet, et, malgré des passages éloquents, appartiennent encore plus au genre précieux qu'au genre épistolaire.

Voiture est encore un assidu de l'Hôtel de Rambouillet, et tout en étant moins solennel que Balzac, il abuse encore étrangement du bel esprit.

Nous arrivons après eux, à Mme de Sévigné, dont les lettres sont restées les plus célèbres dans notre langue ; sans rien avoir des ridicules de la femme savante, ce fut une des personnes les plus instruites de son temps ; sa fille qu'elle adorait fut son principal correspondant. Douée d'un véritable talent d'observation allié à un grand bon sens, préservée par la bonté de tout excès de jugement et par un goût délicat de tout excès de plume, elle nous a laissé des causeries exquises qui sont les modèles les plus achevés du genre.

Les épîtres, toutes littéraires de Boileau, ne peuvent pas être considérées comme des lettres. Fénelon nous offre, dans sa correspondance, des modèles de lettres éloquentes et simples en même temps, consolantes et persuasives pour les grandes douleurs qu'il cherche à adoucir. Enfin, avec le XVIIIe siècle, nous rencontrons, dans Voltaire, un des plus féconds, des plus enjoués auteurs qu'on puisse remarquer dans le genre. Il traite

toutes les questions littéraires ou philosophiques avec
la même facilité, parfois un peu superficielle, et surtout
avec une verve et un esprit incomparables. Le dernier
nom qui puisse avoir place ici est celui de J.-J. Rousseau, dont les lettres sont d'un style original et puissant.
Malheureusement, l'orgueil en a dicté la plus grande
partie, et la sincérité en est souvent absente.

Montrer comment pour apprécier avec équité l'Iphigénie d'Euripide et celle de Racine, il faut juger chacune des deux pièces dans l'esprit du temps où elle a été composée.

(7 août 1885)

DÉVELOPPEMENT (1). — Parmi les critiques qui ont
comparé entre elles l'*Iphigénie* de Racine et celle d'Euripide, les uns, comme Voltaire et la Harpe, ont rabaissé
Euripide pour exalter la tragédie de Racine, les autres,
comme Marmontel, Lessing, Schlegel, Geoffroy, se sont
au contraire appliqués à rendre justice à Euripide, en
dépréciant l'œuvre de son imitateur. Mais c'est là une
double erreur et l'on ne saurait demander à Euripide
d'avoir les idées et les sentiments de Racine, ni à Racine
de penser et de sentir comme Euripide. La question
oiseuse et puérile de la supériorité de l'imitation sur
l'original, ou du modèle sur l'imitation doit être résolument écartée ; car chacun des deux poètes a écrit pour
les hommes de son temps, et la stricte équité exige qu'on
juge chacune des deux pièces dans l'esprit de l'époque
où elle a été composée. Discutons donc les appréciations

1. V. Urbain et Jamey, *Les classiques français du Baccalauréat*, tome 2, p. 476 sqq.

des deux camps, ceux qui tiennent pour Racine contre Euripide, ceux qui tiennent pour Euripide contre Racine, nous verrons qu'elles sont quelquefois injustes et mal fondées.

Les adversaires du poète grec, que nous défendrons en premier, lui ont reproché, comparant sa pièce avec celle de Racine, de nous présenter des personnages grossiers, sans délicatesse et sans dignité. Qu'est-ce, dit-on, par exemple, que le ton familier dont il fait discourir Agamemnon, Achille, et bien d'autres? Est-ce là un langage digne de la tragédie, digne des héros qu'il fait parler? — Critique qui tombe à faux, car Euripide, en prêtant aux rois et aux princes cette façon simple de s'exprimer, était dans la vérité des mœurs de son temps. Mais le personnage de Ménélas, dira-t-on, est un contresens dans une tragédie; Racine n'a pas commis la faute de le conserver, parce qu'il a senti combien il est ridicule. Est-il bien sûr qu'il l'ait été aux yeux des anciens? Sans doute, Racine a eu raison de le remplacer sur notre scène par le personnage d'Ulysse, mais il serait téméraire d'affirmer que les anciens aient eu sur ses infortunes domestiques la même manière de voir que les modernes, et il n'est nullement prouvé qu'Euripide, en le faisant paraître sur le théâtre, ait péché contre les convenances de la tragédie, telles, du moins, qu'on les comprenait de son temps. Comment, diront enfin les détracteurs d'Euripide, comment admettre que l'Achille grec n'éprouve aucune inclination pour Iphigénie? Sa froide générosité à l'égard de la fille d'Agamemnon se peut-elle concevoir sans invraisemblance? Parfaitement, répondrons-nous: Euripide a sagement fait, en dépit de La Harpe, de ne pas mettre sous les yeux de ses contemporains un Achille amoureux; la galanterie était un sentiment inconnu de son temps, et que n'admettait pas la condition des femmes dans la société grecque. On le voit, tous ces reproches et d'autres semblables que certains critiques, admirateurs trop exclusifs de la pièce de Racine, ont adressés à celle d'Euripide, ne reposent sur aucun fondement solide : le poète grec ne pouvait peindre, dans sa tragédie, d'autres mœurs que celles qu'il avait sous les yeux, et il est ridicule de s'étonner qu'il n'ait pas deviné celles du xvii° siècle.

Si de ceux qui, Racine à la main, ont reproché à Euripide de ne pas lui ressembler, nous passons aux détracteurs du poète français, nous nous trouvons en présence de critiques absolument opposées ; en d'autres termes, ce que les premiers se plaignaient de ne point trouver dans Euripide, ceux-ci s'irritent de le rencontrer dans l'œuvre de Racine. C'est ainsi qu'ils reprochent à ce dernier d'avoir prêté à ses personnages une noblesse et une sensibilité inconnues aux anciens. — Pourquoi, disent-ils, faire tenir au roi des Achéens ce langage pompeux, qui n'a rien d'antique :

Oui, c'est Agamemnon, c'est ton roi qui t'éveille !

et quel est cet Arcas, qui dit :

Mais tout dort, et l'armée, et les vents, et Neptune !

comme il est guindé et solennel, et combien celui d'Euripide est plus vrai dans sa simplicité ! — Racine, peut-on répondre, a dû se conformer au goût de son temps et donner à ses personnages un peu de cette majesté qui était, au xvii° siècle, l'apanage des rois et de ceux qui les approchaient. La tragédie ne pouvait se passer alors de noblesse et de dignité ; et c'est pour se conformer à ce besoin que Racine a fait d'Arcas, non plus un esclave, comme dans Euripide, mais un confident ; qu'il a remplacé Ménélas par Ulysse, supprimé la scène familière où nous voyons, dans Euripide, Clytemnestre et sa fille arriver dans leur char, enfin qu'il a mis dans la prière d'Iphigénie une réserve dans la douleur, une résignation calme et digne que le poète grec ne s'est nullement soucié de lui prêter. — Soit, dira-t-on ; mais Racine avait-il besoin de rendre Achille amoureux d'Iphigénie ? — Faire de ce rude héros un galant du XVIIe siècle, quelle invraisemblance ! Et pour que rien n'y manque, le poète invente encore une Ériphile, dont la jalousie jette sa note criarde dans leur duo d'amour. — Libre aux moqueurs de railler Racine d'avoir fait à la galanterie de son temps de trop grandes concessions ; mais, pour nous, n'oublions pas que ces concessions étaient obligées. et qu'une tragédie sans amour était, à cette époque, difficilement acceptée sur le théâtre. — On voit donc que les reproches adressés à Racine par les fanatiques d'Euripide, ne sont pas plus fondés que ceux dont ce dernier était l'objet : Racine ne pouvait transporter sur notre scène, au risque d'étonner ou de choquer les spectateurs, les mœurs rudes et naïves de l'antiquité, et il a dû prêter en partie à ses personnages la dignité et la délicatesse des hommes de son temps.

Ainsi peut-on justifier Racine et Euripide des critiques imméritées dont leurs deux tragédies ont été l'objet ; les appréciations portées sur l'une et l'autre *Iphigénie* par les adversaires de chacune d'elles sont injustes, parce que, bien qu'opposées dans la forme, elles n'en procèdent pas moins d'une même erreur, qui est l'oubli des temps et des lieux où les deux pièces furent écrites.

Esquisser à grands traits la comparaison entre l'Epître aux Pisons d'Horace et l'Art poétique de Boileau.

(3 novembre 1885)

PLAN (1). — Caractère simple et familier de l'épître

---

1. V. Urbain et Jamey, *Les Classiques français du Baccalauréat*, Tome I, p. 514 sqq.

d'Horace, qui ne veut avoir aucune prétention, et ne s'impose aucun ordre rigoureux.

Il considère presque exclusivement la tragédie et l'épopée. Pour l'une comme pour l'autre, il ne propose pas d'autre modèle, d'autre source de sujets que l'antiquité grecque.

La partie critique de l'*Epître aux Pisons* est peu de chose ; il raille la médiocrité de ses compatriotes, se déclare pour la nouvelle école littéraire, et se montre injuste envers les vieux poètes romains, surtout envers Plaute.

L'*Art poétique* de Boileau est le type du genre ; il est plus général, plus complet que celui d'Horace. Il fait la théorie, l'histoire et la critique des différents genres.

L'idylle, l'élégie, l'ode, sont définies comme de simples imitations des modèles antiques. Parmi les genres secondaires, Boileau n'a pas fait mention de l'apologue, pas plus que de la poésie didactique, d'ailleurs.

Le troisième chant est consacré à la tragédie, à la comédie, et à l'épopée.

La partie critique de l'*Art poétique* de Boileau est assez considérable : Saint-Amant, Scudéry, Scarron, Brébœuf, y sont jugés en passant, mais d'une façon décisive.

En résumé, il n'existe de ressemblance entre les deux *Arts poétiques* que dans le détail ; l'ensemble, le ton surtout, diffèrent dans chacun ; il n'en pouvait être autrement, l'un étant une épître adressée à deux jeunes gens, l'autre un poème en règle.

Expliquer et apprécier ce jugement de La Bruyère sur Corneille : « Corneille peint les Romains; ils sont plus grands et plus Romains dans ses vers que dans leur histoire. »

(12 août 1885)

DÉVELOPPEMENT. — Tous ceux à qui la littérature du XVIIᵉ siècle est quelque peu familière ont dû être frappés de l'admiration enthousiaste dont Rome et les anciens Romains étaient l'objet à cette date. Nous n'avons pas à rechercher ici les causes de ce fétichisme rétrospectif; les uns l'attribuent à la lecture de Plutarque, que le génie d'Amyot avait rendu français et dont s'étaient nourries les générations précédentes ; les autres, plus simplement, à la lecture même des historiens latins, qui n'ont jamais médit de Rome ni des Romains, et dont le XVIᵉ siècle, aveuglé par la passion de l'antiquité, accueillit sur parole les vaniteux récits. Quoi qu'il en soit, tous les écrivains du grand Siècle, entre autres Balzac, Saint-Evremond, Bossuet, furent les complices de cette *glorification des Romains*, comme on l'a si justement appelée. Ils n'ont pas assez d'éloges pour la politique ferme et sage au dehors, pour l'excellence de leur organisation au dedans, pour leur caractère plein de grandeur d'âme, d'héroïsme, de dévouement,

Mais parmi ceux qui ont ainsi glorifié dans leurs œuvres le caractère romain, Corneille mérite, entre tous, d'attirer notre attention, et La Bruyère a pu dire de lui : « Corneille peint les Romains ; ils sont plus grands et plus *romains* dans ses vers que dans leur histoire ; » ce qui veut dire : Corneille ennoblit les Romains en leur donnant quelque chose de sa grande âme, et ceux qu'il met en scène sont plus grands que ceux de l'histoire, plus riches de toutes les vertus qu'on attribue à ces derniers, car il ne faudrait pas se méprendre sur le sens du mot *romain* dans le jugement qui précède. Par suite de la légende qui avait cours alors sur le caractère romain, le mot *romain* était devenu synonyme des plus hautes vertus ; il signifiait valeureux, magnanime, austère, esclave du devoir et de l'honneur ; et La Bruyère a voulu dire, non pas que les Romains de Corneille étaient plus *vrais* que ceux de l'antiquité, ce qui serait un non sens, mais qu'ils étaient plus conformes que les Romains véritables à l'idée qu'on se faisait d'eux au xviie siècle.

Parcourons les tragédies que Corneille a tirées de l'histoire de Rome, et nous verrons se justifier le jugement de La Bruyère. Tous les Romains qu'il nous présente sont des types de vertu et d'abnégation. C'est le vieil Horace, glorieux d'immoler ses fils à sa patrie ; c'est Auguste qui s'écrie : « Soyons maître de moi comme de l'univers », et tend la main à son assassin ; c'est Sévère dont la haute perfection morale et l'esprit chevaleresque balancent dans l'âme du spectateur les vertus et la piété sublime de Polyeucte. Et les femmes ne le cèdent en rien aux hommes : témoins Sabine, qui « sera du parti qu'affligera le sort », conserve « ses larmes aux vaincus et sa haine aux vainqueurs », et vient s'offrir désespérée aux coups de son époux victorieux ; Emilie qui poursuit la vengeance d'un père au péril des jours de son amant et au péril des siens propres ; Cornélie, la veuve du grand Pompée, qui vient sommer César de lui rendre la liberté, afin de courir à la vengeance. On le voit, les exemples abondent ; Corneille, en faisant parler ces héros et ces héroïnes, leur prêtait, selon la parole de Saint-Evremond, « tout ce qu'il avait de noble dans l'imagination », et les transformait en les idéalisant.

La Bruyère a donc raison de dire que Corneille peint les Romains, et qu'il les fait plus grands que nature, plus grands que dans leur propre histoire. Par cette manière grandiose de nous présenter les personnages de l'ancienne Rome, l'auteur d'*Horace* et de *Cinna* est bien de son siècle ; et pourtant il est probable qu'en agissant ainsi, il obéissait davantage à ce que l'on pourrait appeler son tempérament dramatique qu'à une conviction historique. Poète moraliste et né pour le sublime, il a trouvé dans les Romains, tels qu'on les concevait de son temps, des héros tout faits pour ses tragédies ; il les a donc acceptés de toutes pièces, sans s'inquiéter vraisemblablement de savoir si le caractère qu'on leur prêtait était vrai ou légendaire ; c'était pour lui des personnages de tragédie, et rien de plus, et il eût volontiers renchéri sur la légende pour les rendre au besoin plus héroïques et plus dignes d'admiration. Mais il est permis de penser qu'il n'a pas d'idées arrêtées sur les Romains ; la preuve en est que s'il rencontre ailleurs sur son chemin un sujet conforme à son génie, comme celui de Nicomède, il ne se fait aucun scrupule de le traiter, et de s'y faire l'écho des haines que soulevait, chez les peuples conquis, la domination romaine. Il s'est donc servi, en poète, des idées qui avaient cours de son temps sur les Romains ; il les traite en opinions reçues qu'on exploite sans contrôle et qu'on quitte le cas échéant, mais, pas plus que La Bruyère, son juge, il ne paraît donner dans cet engouement aveugle que le xviiᵉ siècle professait à l'égard des Romains. Et notre siècle leur a donné raison, car l'histoire de Rome, mieux connue, nous a révélé que derrière l'héroïsme et la grandeur d'âme de ce peuple trop admiré, se cachaient un immense orgueil et un brutal égoïsme.

Pourquoi les Français modernes n'ont-ils pas réussi à faire une véritable épopée?

(24 juillet 1885)

Développement. — L'épopée, dont Homère est généralement regardé comme le père, est la forme la plus ancienne de la poésie ; la poésie gnomique et la poésie didactique sont les seules qui soient d'une origine à peu près aussi reculée.

L'imagination des peuples de ces temps préhistoriques, ou peu s'en faut, avait toute la vivacité, toute la naïveté de l'imagination des enfants, pour ainsi dire ; le genre humain était alors presque en enfance ; tout était mystère ou puissance occulte dans les phénomènes de la nature pour ces êtres primitifs ; de là, toute une série de fictions devenues symboliques, et qui constituaient les croyances religieuses de ces peuples, croyances que les modernes ont nommées mythologie.

De plus, l'histoire exacte et vraisemblable leur était inconnue ; tout évènement qui remontait à un certain nombre d'années était, par le fait même, raconté, célébré avec toutes sortes de circonstances fabuleuses qui exaltaient l'imagination et prêtaient à la poésie. On conçoit donc comment le merveilleux, qui est l'âme même de la poésie épique, et qui était si familier aux imaginations de ces peuples antiques, a été une source féconde d'où sont sorties tant d'épopées perdues ou restées inconnues. Ce qui, aujourd'hui encore, nous charme, dans Homère, c'est l'intervention de ses dieux parmi les hommes, c'est la peinture surhumaine qu'il fait de ses héros dont les vertus guerrières et les forces physiques sont prodigieuses. Et pour les contemporains d'Homère, ce n'étaient pas là seulement des fictions, c'était presque une histoire de ceux qu'ils revendiquaient pour ancêtres.

Il faut donc, en thèse générale, pour que l'épopée soit possible à une certaine époque, que le poète ait foi dans le merveilleux qu'il met en jeu, qu'il ait des évènements considérables et légendaires à raconter, enfin et surtout qu'il ait pour lecteurs ou pour auditeurs des contemporains aussi croyants où crédules que lui.

A mesure que ces conditions sont moins remplies, on voit l'épopée devenir plus rare ou ne produire que des œuvres avortées. A mesure que la raison s'est développée aux dépens de l'imagination, on a vu, même dans l'antiquité païenne, si bien faite pour l'épopée, le genre épique baisser dans l'estime publique. Combien la *Pharsale* de Lucain est plus froide et plus artificielle que l'*Énéide*, toute proportion gardée d'ailleurs ! Combien Virgile lui-même était-il déjà moins sincère qu'Homère ! L'avènement du christianisme semblait devoir anéantir la poésie épique ; il n'en fut rien ; le merveilleux changea, voilà tout ; la question traitée par Boileau dans son *Art poétique*, à savoir si le merveilleux chrétien peut servir à l'épopée, a été tranchée affirmativement par des résultats glorieux pour leurs auteurs qui furent Le Tasse, Dante, Milton et Klopstock. Mais Boileau, en donnant la règle de l'épopée, avait pour excuse d'avoir lu le *Clovis* et la *Pucelle*.

Si nous arrivons aux modernes et à notre pays en particulier, nous ne trouvons presque plus trace d'épopée. On a voulu en donner comme explication le manque de sujets. Nous croyons au contraire que si un pays a dans ses annales des évènements glorieux et dignes de l'épopée, des héros capables d'inspirer un poète, c'est la France. La chanson de Roland était un beau modèle à suivre. Mais la raison nous semble celle-ci : la foi dans un merveilleux quelconque n'existe plus guère, nous entendons le merveilleux qui consiste à mettre en rapports directs dans un poème l'homme et la divinité ; la *Henriade*, faite sur le modèle antique, est une œuvre

qu'on voudrait presque pouvoir rayer parmi celles de
Voltaire. Donc, le poème épique semble être aujourd'hui
un genre forcément abandonné. Ne vivant que par la
fable et la fiction, il ne pourrait qu'être très-froid pour
des esprits aussi positifs, aussi philosophiques que ceux
de notre siècle. C'est pourquoi l'entreprise n'a pas été
tentée par les poètes de génie qui auraient pu s'en tirer
honorablement, mais qui auraient laissé une œuvre inutile.

Distribuer par groupes les tragédies de Corneille, et caractériser ces groupes.

(27 juillet 1885)

DÉVELOPPEMENT. — Le ressort dramatique employé
par Corneille est toujours le même : l'*admiration* ; partout nous trouvons dans son théâtre la peinture de l'héroïsme sous ses formes les plus variées, et l'on ne
pouvait mieux le caractériser qu'en l'appelant une *école
de grandeur d'âme*. Mais si le sentiment qu'il excite en
nous est toujours le même, il se sert pour cela de ressources infiniment variées, et ses situations diffèrent
toutes entre elles par leurs données et leur développement. Cependant il n'a pas toujours donné la même
importance à la complication savante et à la conduite
ingénieuse de l'intrigue, et c'est à ce point de vue surtout qu'on peut établir une distinction assez tranchée
entre les différentes tragédies de Corneille. Nous les
partagerons en trois époques :

1° De 1635 à 1641 cette période comprend : *Médée*
(1635), — le *Cid* (1636), — *Horace*, et *Cinna* (1639),
Polyeucte (1640). Dans ces premières tragédies, qui
sont ses plus purs chefs-d'œuvre, le poète se préoccupe

surtout de la *peinture des caractères*, et relègue au second plan la complication de l'intrigue.

2° De 1641 à 1653. Cette seconde période est caractérisée par l'importance prédominante donnée aux situations ; Corneille, qui avait trouvé de génie la vraie voie tragique, a le tort de trop écouter les partisans des règles, et d'accepter trop exclusivement la théorie d'Aristote, que la tragédie doit peindre non les mœurs, mais les actions. S'il n'avait écouté que lui-même, il aurait bien compris que les situations ne suffisent pas à l'intérêt tragique, et qu'il faut avant tout des personnages qui nous intéressent et fixent notre attention.

Lorsque le poète trouve à mettre dans ses cadres laborieusement conçus des personnages intéressants, comme Nicomède, Séleucus et Antiochus dans *Rodogune*, il produit encore d'admirables chefs-d'œuvre ; mais si, par malheur, il n'a sous la main que des personnages sans intérêt, nous avons des tragédies vraiment inférieures, comme *Théodore* et *Pertharite*, surtout. — Cette époque comprend : la *Mort de Pompée* (1641), gâtée par une emphase et une hyperbole qui ne le cèdent en rien à celle de Lucain ; — *Théodore* (1644), dont la situation révoltante nous empêche d'admirer l'héroïsme de la vierge martyre ; — *Rodogune* (1644), dont l'intrigue est bien enchevêtrée, mais qui renferme de terribles beautés, et les admirables caractères des deux frères Séleucus et Antiochus ; — *Héraclius* (1647), dont l'intrigue obscure arrête et entrave à chaque pas l'admiration ; — *Andromède*, tragédie à machine, essai assez heureux d'opéra ; — *Don Sanche d'Aragon* (1650), comédie héroïque, où l'intérêt se soutient encore assez bien, grâce à la noble figure du héros ; — *Nicomède* (1652), la meilleure des tragédies de cette seconde époque. — Enfin *Pertharite* (1653), dont l'incroyable imbroglio tragique eut un échec complet : de caractères

5

intéressants, point. C'est là surtout que l'on voit l'erreur déplorable du procédé tragique employé par Corneille, surtout si l'on réfléchit que Racine a traité le même sujet dans *Andromaque* : quelle distance entre *Pertharite*, où nous ne voyons presque qu'une situation obscure à plaisir, et *Andromaque*, où les personnages si vivants, et les caractères si intéressants nous attachent et nous captivent !

3° De 1659 à 1674. — Après six années passées loin de la scène, Corneille, grâce au surintendant Fouquet, rompt un long et pénible silence en donnant *Œdipe* (1659). — Ici commence une nouvelle période, pendant laquelle Corneille, croyant ainsi mieux garder la faveur du public qu'il vient de ressaisir, fait des concessions regrettables au goût régnant, et introduit partout la galanterie et le ton précieux.

Toutes les tragédies de cette dernière époque « sont remplies de petites intrigues amoureuses : il a défiguré par les scènes de la plus froide galanterie, par les complications du romanesque le plus invraisemblable et le plus stérile, le terrible sujet d'OEdipe ;... tous ses personnages, même un vieux soldat comme Sertorius, même un ambitieux comme Othon, même le farouche Attila, portent les chaînes de quelque noble dame, et aux calculs de leur politique se mêlent les intérêts de leur amour... Quelques belles scènes politiques, où le poète, rentrant dans sa nature et dans la vérité, retrouvait la précision, la force et l'élévation du style d'*Horace* et de *Cinna*, étaient perdues dans la froideur rebutante de l'ensemble ; les sentiments guindés et fastueux, les situations forcées, amenaient un langage obscur et souvent barbare, et Corneille, subissant des conditions si contraires à son génie, se condamnait lui-même à la décadence » (Deltour. *Les ennemis de Racine*, p. 8).

Nous voyons ainsi se succéder : *OEdipe* (1659) ; — la *Toison d'Or* (1661), tragédie à machines ; — *Serto-*

rius (1662), où nous trouvons quatre amants, Sertorius, Pompée, Viriathe, Aristie, dont les dissertations glaciales sont incapables d'émouvoir ; — dans *Sophonisbe* (1663), même mélange de politique et de douceurs alambiquées ; — *Othon* (1664) n'est « qu'une intrigue de « cour » (Voltaire) ; — puis nous voyons *Agésilas* (1666) débiter des fadeurs pastorales ; — l'amour d'*Attila* (1667), indécis entre la sœur de Mérovée et celle de Valentinien, ne nous émeut pas davantage ; — en composant *Titus et Bérénice* (1670), le vieil athlète soutient une lutte qui ne pouvait être qu'inégale avec un jeune rival dans toute la force et la fleur du talent et de la jeunesse ; l'intrigue est banale, et Domitien est amoureux et aimé ! — *Pulchérie* (1672), nous offre cinq amoureux exhalant leurs plaintes ; — enfin *Suréna*, (1674), le vieux soldat, a le tort impardonnable d'être amoureux d'Eurydice.

Nous assistons ainsi à la lente et triste agonie du poète de génie qui avait fait applaudir le *Cid, Cinna, Polyeucte* : peu à peu nous voyons le grand chêne se dépouiller, et sa sève alanguie animer de moins en moins les quelques rameaux plus rebelles à la mort, qui jusqu'au bout pourtant, ornent son tronc vigoureux et imposant.

A quelles sources Corneille a-t-il puisé pour la composition de ses tragédies ?

(16 août 1884)

PLAN (1). — Corneille, élevé dans l'admiration exclusive de l'antiquité, ignorait le moyen-âge, comme tous les hommes de son siècle. Aussi ne saurait-on lui repro-

1. V. Urbain et Jamey, *Les Classiques français du Baccalauréat*, Tome I, p. 92.

cher, sans injustice, de n'avoir pas emprunté les sujets
de ses tragédies à notre histoire nationale, aux légendes
populaires qui avaient si longtemps défrayé les chansons de geste : *vitium est temporis potius quam
hominis.*

C'est principalement à la source latine qu'il puisa,
dans l'antiquité. *Sénèque* et *Lucain* étaient, paraît-il,
ses auteurs de prédilection ; au premier il emprunta
Médée (1635), son début dans la tragédie, et *Cinna*
(1640) ; au second, il prit le sujet de la *Mort de Pompée*
(1643), *Tite-Live* lui donna *Horace* (1640), celle de ses
tragédies qui porte le mieux l'empreinte de son mâle
génie. *Héraclius* (1647), *Nicomède* (1651) ont été tirées,
l'une des *Annales ecclesiastici* de *Baronius*, l'autre de
Justin. Peu versé dans la langue et la littérature grecques, il prit néanmoins à *Appien* sa *Rodogune* (1644),
à *Plutarque* son *Sertorius* (1662).

Après l'antiquité, c'est à l'Espagne qu'il emprunta le
plus volontiers ses sujets tragiques : témoin le *Cid*
(1636), chef-d'œuvre qui mit son génie hors de pair, et
qu'il imita librement de *Guilhem de Castro.* Citons aussi
Don Sanche d'Aragon (1650), comédie héroïque où
s'annonce le drame moderne, et que Corneille a vraisemblablement tirée de la littérature espagnole.

Terminons enfin ce rapide examen des sources où
puisa Corneille, en rappelant que *Polyeucte* (1640), et
Théodore (1644) furent toutes deux tirées de la *Vie des
Saints* ; par là Corneille se montrait le continuateur des
Mystères et des *Miracles*, et son libre génie eut peut-être
fait revivre dans la tragédie du xviie siècle, le théâtre
religieux et national du moyen-âge, si l'on eût fait un
meilleur accueil à ces deux pièces, dont la première est
pourtant restée un de ses chefs-d'œuvre.

Apprécier en donnant des exemples ce jugement de Marmontel : « Corneille a poussé la vivacité, la force et la justesse du dialogue au plus haut degré de perfection. »

(18 novembre 1884) — (10 août 1885)

PLAN. — Le prouver en citant et appréciant les dialogues les plus célèbres des principaux chefs-d'œuvre de Corneille :

Dans le *Cid*, les dialogues entre Don Diègue et le comte de Gormas, entre ce dernier et Rodrigue, entre Rodrigue et Chimène après la mort du comte ;

Dans *Horace*, ceux qu'échangent le jeune Horace et Curiace, le vieil Horace et Julie après le combat ;

Dans *Cinna*, l'entretien où Auguste, après avoir confondu Cinna, lui pardonne et le traite généreusement ;

Dans *Polyeucte*, il faut noter les dialogues entre Néarque et Polyeucte, entre ce dernier et Pauline.

Apprécier les caractères de femmes dans l'Horace de Corneille.

(5 novembre 1885)

DÉVELOPPEMENT. — De même que Corneille a opposé l'un à l'autre Horace et Curiace, le premier personnifiant l'héroïsme sauvage du Romain des premiers temps, le second représentant l'héroïsme tempéré par des sentiments humains, il a également fait contraster entre elles les figures de femmes et varié les expressions de leurs sentiments et de leurs passions.

Le rôle de Sabine est un rôle passif dans la pièce ; elle

ne fait guère que déplorer ses malheurs et ceux de ses
proches, sans vouloir prendre aucun parti; mais ses
plaintes sont souvent bien touchantes :

> Je suis Romaine, hélas ! puisqu'Horace est Romain ;
> J'en ai reçu le titre en recevant sa main ;
> Mais ce nœud me tiendrait en esclave enchaînée
> S'il m'empêchait de voir en quels lieux je suis née.
> Albe, où j'ai commencé de respirer le jour,
> Albe, mon cher pays et mon premier amour
> Lorsqu'entre nous et toi je vois la guerre ouverte,
> Je crains notre victoire autant que notre perte.

On le voit, ce rôle, si restreint qu'il soit, comporte des
beautés de sentiment qui nous reposent du sublime con-
tinu que nous trouvons dans les scènes qui précèdent.
Sabine est plus intéressante, plus touchante dans ses
monologues, où elle exhale ses plaintes, que dans les
dialogues qu'elle fait avec les autres personnages ;
son rôle est quelque peu languissant parfois, dès les premières scènes. Elle vient d'entretenir sa confidente ;
soudain, elle s'en sépare sans nécessité, exprimée ou
vraisemblable, quand elle aperçoit Camille, et dit à
celle-ci : « Ma sœur, entretenez Julie. » Le monologue
qui ouvre le troisième acte est encore un passage important où l'on peut remarquer combien est sensible le défaut que nous signalons. De même pour l'entrevue de
Sabine et de Camille, quand elles se lamentent toutes
deux et se demandent laquelle est la plus infortunée.
Evidemment, sans qu'il ait été possible de rendre ce
personnage autrement, on peut dire qu'il nous laisse
froids assez souvent par le peu d'action qu'il a sur tout
ce qui l'entoure. Elle sait que ses pleurs ne pourront rien
sur les cœurs inébranlables des guerriers dont la vie est
en jeu. Aussi fait-elle entendre moins des supplications
que des explosions de désespoir. Elle ne se calme que
pour manifester une résignation plus feinte que réelle :

> Allons, ma sœur, allons, ne perdons plus nos larmes ;
> Contre tant de vertus ce sont de faibles armes.

Enfin, son désespoir la reprend, et lui fait presque perdre la raison, lorsqu'elle s'offre comme victime expiatoire, tantôt à son époux, tantôt à son frère :

> Qu'un de vous deux me tue, et que l'autre me venge.

Après qu'Horace a commis le fratricide qui déshonore sa victoire, elle supplie le meurtrier de l'envoyer rejoindre Camille.

Enfin, quand le coupable est sur le point de subir le châtiment légal, Sabine, continuant toujours son rôle, vient encore invoquer le roi Tullus en faveur d'Horace, et le supplie de prendre sa vie, inutile et chancelante, en échange de celle du sauveur de Rome.

Le rôle de ce personnage a exaspéré Voltaire ; il eût voulu qu'on cédât enfin à tant d'instances et qu'on la prît au mot. C'est une justice un peu sommaire, et nous n'en demanderons pas tant. Il suffit de reconnaître que Sabine s'offre un peu trop à mourir ; en dehors de cette critique, ce personnage secondaire joue le seul rôle qu'il pouvait jouer.

Quant à Camille, sa mort souille plus la gloire de son frère qu'elle ne la rend elle-même intéressante ou sympathique ; sans avoir mérité ce barbare assassinat, il est certain qu'elle fait un personnage un peu égoïste et sans noblesse ; son bonheur, son amour, voilà tout l'horizon de ses pensées ; ajoutons qu'elle est outrée et subtile dans l'expression de ses sentiments ; la cause en est dans la manie de galanterie raffinée qui était à la mode au temps de Corneille, et à laquelle il n'a pas complètement échappé dans ses tragédies. Mais le rôle de Camille était, à part cela, nécessaire dans la pièce, pour opposer au fanatisme héroïque d'Horace un excès contraire, le fanatisme de l'amour, et pour que les explosions de sa passion poussent à bout le vainqueur au point de rendre explicable, sinon excusable, le fratricide qu'il commet. Camille, en effet, dit à Curiace, l'applaudissant de la lâcheté dont elle le croit capable :

> Tu fuis une bataille à tes vœux si funestes,
> Et ton cœur, tout à moi, pour ne me perdre pas,
> Dérobe à ton pays le secours de ton bras.

La patrie, pour elle, vient après son amour, ce qui était nécessaire pour amener le choc terrible de ce caractère avec celui d'Horace qui est tout l'opposé.

Il faut reconnaître que Camille, dans l'expression de ses sentiments à l'égard de Curiace, nous touche souvent par la grâce et la simplicité de ses aveux :

> Tout ce que je voyais me semblait Curiace.
> Tout ce qu'on me disait me parlait de ses feux, etc.

Mais cet amour et ses cruels malheurs ne sont qu'un épisode dans la pièce, et, au prix du destin de Rome et de ses fiers combattants, l'intérêt en est médiocre. Mme de Sévigné l'a dit : en pareille matière, les gros poissons mangent les petits.

Le rôle de Camille est donc intéressant et dramatique d'une manière absolue ; mais, eu égard aux autres rôles de la tragédie, il est au second plan et n'est indispensable qu'au dénouement. Le caractère de la pièce veut que l'enthousiasme domine en nous tout autre sentiment ; la pitié, l'attendrissement sont étouffés par les impressions grandioses que nous subissons.

Comparer les deux rôles d'Horace et de Curiace dans Corneille.

(6 août 1884)

Développement. — Corneille, dans sa pièce, a voulu,

non seulement suivre le récit de Tite-Live dans ses données générales, mais bien mettre en relief l'esprit romain dans la famille et dans la cité. Après avoir esquissé de main de maître l'admirable figure du vieil Horace, il lui donne un fils, moins sympathique, il est vrai, mais plus romain encore. Le jeune Horace est courageux, mais violent ; il ne sait pas tempérer un sentiment par l'autre. Rome est tout pour lui ; il lui sacrifie tout, non seulement sans regret, mais avec d'autant plus d'enthousiasme que le sacrifice est plus grand. Il n'est ni ami, ni frère, ni époux ; il le dit lui-même :

> J'accepte aveuglément cette gloire avec joie...
> Rome a choisi mon bras, je n'examine rien...
> Albe vous a nommé, je ne vous connais plus.

Chez lui, le citoyen est admirable, mais l'homme est vraiment sauvage. Quel contraste produit ici la réponse de Curiace :

> Je vous connais encore, et c'est ce qui me tue.

Puis, quand Horace s'exalte dans sa fierté en disant :

> Une telle vertu n'appartenait qu'à vous,

il s'attire cette réponse :

> .... Votre fermeté tient un peu du barbare ;
> Peu même des grands cœurs tireraient vanité
> D'aller par ce chemin à l'immortalité.

Corneille n'a pas exagéré ce rôle héroïque ; il fallait être logique et préparer le meurtre de Camille.

Aristote condamne les catastrophes qui ensanglantent inutilement la scène ; Addison, dans son *Spectateur*, désapprouve Corneille de s'être fidèlement tenu à la vérité historique et d'avoir représenté Horace fratricide. Voltaire est du même avis. Il est certain que la suppression de cet épisode empêcherait que l'unité d'intérêt fût compromise par le double péril d'Horace dans la pièce, quand il va combattre, puis quand il est mis en jugement.

Horace reste semblable à lui-même jusqu'à la fin ; après son crime, il ne semble pas se croire coupable, même du plus petit emportement. Il demande la mort, il est vrai, mais c'est pour que sa gloire ne soit pas ternie dans la suite par l'inaction.

Le caractère de Curiace, dans la pièce, est vraiment l'antithèse de celui d'Horace. Corneille a su varier les expressions du patriotisme. C'est ainsi que chez Curiace le courage civique se tempère par des sentiments d'humanité et de famille, et n'exclut rien, ni l'amitié, ni l'amour. Il pense comme le dictateur d'Albe :

> Nous ne sommes qu'un sang et qu'un peuple en deux villes ;
> Pourquoi nous déchirer par des guerres civiles ?

Il va même jusqu'à laisser croire qu'il va renoncer à une gloire qui lui coûte le bonheur.

> Encor qu'à mon devoir je coure sans terreur,
> Mon cœur s'en effarouche et j'en frémis d'horreur.....
> L'obscurité vaut mieux que tant de renommée.

Il semble pressentir sa défaite, quand, apprenant le choix qu'on a fait d'Horace, il s'écrie :

> Puisque vous combattez, sa perte est assurée.

Mais ses défaillances ne sont que passagères et apparentes et son courage n'en est que plus admirable, car il peut, en toute sincérité, dire de lui-même :

> J'ai le cœur aussi bon, mais enfin, je suis homme.

Tout en songeant aux droits de la famille sur lui, il sait qu'il appartient d'abord à son pays. Aussi reste-t-il inébranlable devant les larmes et les supplications de sa fiancée; rien ne pourra lui faire sacrifier son honneur.

Il vivra sans reproche, ou périra sans honte.

On peut dire que ces deux rôles d'Horace et de Curiace, les deux plus intéressants de la pièce, ont été conçus par Corneille comme un parallèle nécessaire, d'une part, pour bien faire ressortir la farouche vertu des premiers Romains, d'autre part, pour lui opposer une vertu plus humaine, plus dramatique en somme, puisqu'elle triomphe d'une lutte intérieure des plus terribles, tandis que l'autre est tout d'abord à tout sentiment contraire. Nous voudrions presque, aux dépens de la vérité historique, voir Curiace vainqueur de son terrible adversaire, car nous sentons bien, malgré notre admiration mêlée d'étonnement pour Horace, que le premier est plus touchant, plus moderne, en quelque sorte, plus semblable à nous-mêmes; et c'est toujours par cette comparaison instinctive que nous établissons entre nous et les héros de théâtre que nous sommes plus ou moins émus, selon que nous nous retrouvons un peu en eux, ou que nous ne voyons en eux que d'étranges exceptions.

Du caractère de Sévère dans Polyeucte

(14 novembre 1885)

PLAN (1). 1. — Le personnage de Sévère dans *Polyeucte* est un personnage de premier ordre: noblesse, élévation, générosité; bien que Pauline ait épousé *Polyeucte*, il l'aime toujours et faisant passer son bonheur avant le sien propre, il travaille de toutes ses forces à ruiner ses

1. V. Urbain et Jamey, *Les Classiques français du Baccalauréat*, Tome 2, p. 233.

plus chères espérances. Il est absolument sincère lorsqu'il exprime ces vœux :

> Puisse le juste ciel, content de ma ruine
> Combler d'heur et de jours Polyeucte et Pauline !

2. L'importance de ce rôle a fait croire à Voltaire que
tout l'intérêt du drame est l'amour contrarié de Sévère et
de Pauline, et la lutte dont l'âme de chacun est le
théâtre, entre le devoir et une passion non éteinte encore. C'est là un parti pris, peut-être même assez peu
sincère ; et Voltaire, craignant que son jugement ne parût exagéré, et ne voulant pas le donner comme l'opinion du public, y apporte une restriction en disant que
« le parterre entier ne sera jamais philosophe ».

3. C'est que, en effet, ce jugement « philosophe » n'est
guère soutenable : cependant il a prévalu au xviii[e]
siècle, et même jusqu'en 1840 le rôle de Sévère passa
pour le premier rôle ; lorsque Talma joua dans *Polyeucte*, il fit toujours le personnage de Sévère. En 1840
la véritable interprétation des rôles de *Pauline* et de
Polyeucte fut rétablie par Rachel et Beauvallet ; Sévère
fut dès lors rejeté au second.

4. Le vrai sujet n'est pas en effet un duo d'amour
contrarié par un malencontreux mari ; ce serait un véritable canevas de comédie : le sujet est un sujet tout
religieux et chrétien, et dès lors le premier rôle n'est
pas celui de l'*amant généreux*, si nobles que soient
ses sentiments, mais celui du *jeune martyr*, qui ébloui
des *célestes clartés* qui l'illuminent, immole à sa foi nouvelle l'amour d'une épouse adorée et dont le supplice
touche de la grâce, à la fois cette épouse, son rival et
Félix même, son persécuteur.

En quoi La Fontaine est-il différent des fabulistes qu'il a imités?

(8 novembre 1884)

DÉVELOPPEMENT (1). — La Fontaine n'est pas le premier qui ait composé des fables. L'apologue est un genre de littérature, un peu démocratique à l'origine, qui remonte à la plus haute antiquité. Les orateurs anciens, notamment Ménénius Agrippa, chez les Romains, ont parfois usé de ce procédé pour mieux se faire comprendre de leur grossier auditoire. L'apologue devint ensuite insensiblement un genre littéraire et eut pour principaux représentants Esope et Phèdre, chez les Grecs et les Romains. Horace aussi a quelquefois mêlé une fable à une de ses épîtres ou de ses satires. Dans notre littérature, nous trouvons quelques apologues chez Bonaventure Despériers, Marot ou Régnier. Tous ces auteurs, anciens et modernes, ont été connus et plus ou moins imités par La Fontaine. Mais quelles transformations il leur a fait subir! qui les reconnaîtrait, dans les fables où il s'est inspiré d'eux? Il a conçu l'apologue d'une façon toute nouvelle et qui lui appartient. Il a donné de l'intérêt, du mouvement, à ce genre qui semblait devoir rester humble et froid. Enfin, le premier, le seul, il a su faire des chefs-d'œuvre avec des sujets qui n'avaient fourni jamais que des œuvres médiocres. Prenons quelques exemples. Esope, dont les fables nous sont parvenues métamorphosées par nombre de transformations successives, nous offre généralement de courts récits, des dialogues maigres et secs, que termine une moralité lourde et banale commençant toujours par l'inévitable formule: *La fable montre que...* ou bien: *La fable s'adresse aux gens qui...* En somme, ce recueil de fables n'a guère d'intérêt que pour nous, modernes, à titre

1. V. Urbain et Jamey. *Les Classiques français du Baccalauréat*, t. I, p. 553 sqq.

d'antiquité et pour nous montrer combien, à l'époque d'Esope, on se montrait peu difficile sur ce point.

Phèdre n'a pas beaucoup d'imagination, mais ses fables sont un peu moins sèches que celles d'Esope ; il possède un certain agrément dans la narration, mais il met quelque subtilité dans le langage qu'il prête à ses animaux. Ayant vécu au siècle d'Auguste, sa langue est pure, et c'est peut-être là le plus grand mérite de son œuvre.

Combien La Fontaine est supérieur à ces deux fabulistes, aussi bien qu'aux autres qu'il a imités ! Il a vraiment mis de la poésie dans ces sujets, puérils en apparence, il y a porté toutes les grâces de son imagination, il en a surtout fait autant de petites scènes dramatiques, autrement vivantes que les froids récits de ses modèles. La Fontaine s'est rendu justice lui-même, quand il a dit de ses fables :

> .... Je fais de cet ouvrage
> Une ample comédie à cent actes divers
> Et dont la scène est l'univers.

C'est ainsi que dans le cadre restreint et réduit de la moindre de ses fables, il fait œuvre de poète comique, et rencontre souvent des traits que n'eût pas désavoués Molière. Il a en outre une originalité qui lui permet de s'assimiler ce qu'il imite au point de paraître le créer une seconde fois. Enfin sa sensibilité, qui se trahit à propos, a pu être comparée à celle de Virgile.

Il est intéressant du reste de voir comment La Fontaine, en établissant les règles principales de l'apologue, a jugé en quelques traits ses principaux devanciers.

> Les fables ne sont pas ce qu'elles semblent être;
> Le plus simple animal nous y tient lieu de maître.
> Une morale nue apporte de l'ennui :
> Le conte fait passer le précepte avec lui...
> Phèdre était si succinct qu'aucuns l'en ont blâmé ;
> Ésope en moins de mots s'est encore exprimé, etc.

L'œuvre de La Fontaine n'est pas moins admirable et supérieure à celle des autres fabulistes par la variété infinie qui étonne le lecteur, variété de sujets, variété de style; elle porte la marque d'un penseur profond, d'un philosophe enjoué; que de leçons de morale pratique pour la conduite de la vie! Et La Fontaine parle pour tous, il n'exclut aucune classe de la société.

Quant à son style, on a épuisé pour le caractériser toutes les formules de l'admiration. On pourrait lui appliquer ces vers de Boileau :

> Heureux qui, dans ses vers, sait, d'une voix légère,
> Passer du grave au doux, du plaisant au sévère.

Combien pâlissent à côté de lui tous ceux qui se sont essayés dans ce genre, qu'il s'est, pour ainsi dire, approprié !

Qu'on prenne le Chêne et le Roseau, et qu'on le compare à la fable d'Ésope. Que le modèle semblera languissant et froid! Si l'on compare dans Phèdre et La Fontaine, la fable de la Grenouille qui veut se faire aussi grosse que le Bœuf, on verra ce que le bonhomme savait faire avec les données les plus insignifiantes. La moralité qui suit cette fable est le chef-d'œuvre du genre; au lieu de donner lourdement, froidement, une explication peu nécessaire, La Fontaine fait une petite comparaison piquante :

> Le monde est plein de gens qui ne sont pas plus sages;
> Tout bourgeois veut bâtir comme les grands seigneurs;
> Tout petit prince a des ambassadeurs,
> Tout marquis veut avoir des pages.

La Laitière et le pot au lait, sujet traité avec beaucoup de bonheur dans un gracieux conte par Bonaventure Despériers, est devenu, dans les mains de La Fontaine, une fable incomparable et supérieure encore à son modèle.

En résumé, il n'est guère possible d'établir la moindre comparaison entre notre fabuliste et un autre quelconque, sans que la palme appartienne au premier.

On peut donc affirmer que, non-seulement il occupe le premier rang parmi les représentants du genre, mais qu'il les a laissés tous bien loin derrière lui, et qu'il est fort douteux que cette place puisse jamais lui être disputée.

Montrer comment les fables de la Fontaine sont « une ample comédie à cent actes divers. »

(1ᵉʳ août 1884 et 13 novembre 1885)

DÉVELOPPEMENT. — La Fontaine a dit lui-même en quelque endroit qu'il faisait de l'apologue « une ample comédie à cent actes divers, et dont la scène est l'univers ». Il est vrai qu'il est à la fois juge et partie en cette question, et qu'il se juge lui-même en homme qui se défie de la critique. Il avait raison : la critique, même quand elle parle par la bouche de Boileau, se trompe à ses heures; l'*Art Poétique* de celui-ci ne mentionne même pas· l'apologue. D'ailleurs, certains génies ont le don rare et supérieur d'être leur propre critique, et de l'être avec impartialité et désintéressement. Tel fut Corneille; tel fut aussi La Fontaine, qui aurait pu dire comme l'auteur du *Cid* : Je sais ce que je vaux. Oui, le Bonhomme se jugeait parfaitement. Celui qui ouvre ses fables au hasard et en lit quelques-unes, porte sur l'auteur le jugement que nous venons de citer. Sans doute, au premier abord, on se demande comment les animaux, qui sont le plus souvent les héros de ses fables, peuvent être des personnages de comédie. Mais on ne tarde pas à voir combien ces masques d'animaux sont transparents dans ces mille petites scènes comiques où nous nous voyons comme si l'on nous présentait le miroir. La Fontaine fait même de la comédie de caractères. On peut en prendre comme preuve les traits constants et toujours analogues avec lesquels un animal quelconque est présenté sur la « scène » ; ses mœurs sont identiques dans toutes les fables où on le rencontre. Quant au caractère purement dramatique de ses fables, il se dégage naturellement de chaque morceau, qu'il soit court ou développé, par des dialogues d'un comique que ne désavouerait pas Molière. Voici, par exemple, le *Lièvre* et la *Tortue* : quelle petite scène achevée ! Peinture des caractères d'abord : vaine et railleuse présomption de « l'animal léger », confiance persistante de la tortue qui a foi dans ses efforts persévérants et dans la sécurité outrée de son adversaire ; dialogue vif et enjoué, entremêlé du commentaire de l'auteur, qui joue ici le rôle du chœur antique, péripéties, dénoûment, rien n'y manque. Selon les situations, d'autres fables nous offrent des réparties railleuses, spirituelles ou mordantes, par exemple dans le *Corbeau* et le *Renard*, dans le *Loup* et l'*Agneau.*

Une véritable comédie, aux personnages nombreux et variés, c'est la fable intitulée : *Les Animaux malades de la peste* ; le poète, dans une sorte de prologue grave, nous trace un tableau effrayant du fléau ; puis le Lion tient conseil et nous fait, pour ainsi dire, dans son discours, l'exposition du sujet ; il donne ensuite l'exemple en faisant le premier son examen de conscience avec une hypocrisie et une désinvolture que le Renard vient encore encourager par ses flatteries effrontées ; le nœud est là, ainsi que dans les aveux des autres animaux ; le dénouement est la mort du malheureux baudet, coupable d'avoir tondu dans le pré d'autrui « la largeur de sa langue. » Et quelle cruelle, mais juste leçon se dégage de cette fable, ainsi terminée !

Selon que vous serez puissant ou misérable,
Les jugements de cour vous rendront blanc ou noir.

Ne peut-on pas, après la lecture de ce morceau, dire
de La Fontaine comme du poète comique : « *Castigat
ridendo mores ?* »

D'ailleurs, il fait parfois penser à Molière par sa profondeur d'observation, et même à Racine par sa connaissance des secrets de la passion ; il est poète dramatique,
en ce sens que l'apologue des anciens a été métamor-
phosé par lui en une petite scène où le dialogue remplace un récit sec et nu. Il est vrai que ce sont des morceaux de courte haleine que ces fables et d'un cadre
assez restreint ; mais quelle abondance dans les sujets !
Ce ne sont pas seulement la cour, la ville, la noblesse,
et la bourgeoisie que La Fontaine observe, c'est le
monde des humbles, des petits ; c'est la nature et la
société tout entière. Les types principaux de la société
au milieu de laquelle il vivait se reconnaissent aisément
sous le masque de ses animaux ; le roi Lion a le pouvoir
absolu et l'exerce avec la même majesté, la même
aisance que le monarque dont il était le portrait : il
n'obéit qu'à son bon plaisir ; le Renard est le modèle du
courtisan roué, mais prudent ; le Loup, c'est l'aventurier
suspect et dangereux, le vagabond, que la police, encore
primitive de l'époque, ne réussit pas à surprendre et à
châtier ; le mauvais plaisant s'est incarné dans le Singe ;
le misanthrope s'aperçoit sous la fourrure de l'Ours ; la
bourgeoisie remuante et impuissante alors nous appa-
raît sous le masque de la gent trotte-menu ou des Gre-
nouilles ; quant au peuple, c'est l'Ane balourd et naïf,
mais utile et résigné, ou bien le Roseau qui plie pendant
que l'orage déracine le Chêne. En un mot, l'image de
l'homme et les travers d'un siècle s'aperçoivent à travers les peintures de la nature et du règne animal. La
Fontaine a été observateur et presque naturaliste avant

d'être poète dramatique, dans la mesure et au sens que nous avons déterminés.

Quels modèles Boileau a-t-il eus sous les yeux en composant l'Art Poétique ?

(1ᵉʳ août 1885)

DÉVELOPPEMENT. — Le mérite indiscutable de Boileau, c'est d'avoir assigné avec un discernement parfait, sa valeur vraie et son prix, à chaque œuvre et à chaque écrivain du XVIIᵉ siècle, et d'avoir proclamé une doctrine littéraire qui a bien pu être depuis élargie et renouvelée, mais dont les principes essentiels subsistent impérissables, en sorte qu'on a pu assimiler l'œuvre de Boileau en littérature à celle de Descartes en philosophie, et comparer avec assez de justesse l'*Art Poétique* au *Discours de la Méthode*.

On ne conteste guère l'importance du rôle de Boileau comme législateur poétique ; mais on s'est montré, semble-t-il, moins juste envers lui sur le chapitre de l'originalité, et comme il a eu des modèles, on lui a reproché parfois d'avoir emprunté à ceux qu'il imite le meilleur de ses idées. Voyons la part qu'il faut faire à ces critiques, et en indiquant les sources auxquelles il a puisé, cherchons à déterminer ce qui lui revient en propre.

Nous savons que Boileau étudia la *Poétique* d'Aristote, il y puisa un certain nombre d'idées importantes sur les origines de la poésie, que nous retrouvons dans le IIIᵉ chant de l'*Art Poétique*, parmi ses réflexions et ses préceptes sur la Comédie, la Tragédie, l'Epopée. L'influence de cette œuvre sur celle de Boileau n'est pas douteuse : on sait que la méthode d'Aristote est toute philosophique, et qu'il prétend déterminer dans une législation toute théorique des lois universelles, des préceptes absolus qu'il croit pouvoir être appliqués à toute littérature ; c'est ainsi qu'il déclare le chœur et les reconnaissances indispensables à toute tragédie. De même Boileau est tout *dogmatique*, et l'on ne trouve nulle part appliquée la méthode historique que le xvɪɪᵉ siècle n'a pas connue d'ailleurs, mais à laquelle le génie de Boileau semble moins propre qu'aucun autre, parmi ses contemporains.

Les tendances dogmatiques de Boileau semblent avoir été fortifiées encore par la traduction et l'étude du *Traité du Sublime, de Longin* ; Fénelon mettait cet opuscule au-dessus de la rhétorique d'Aristote, et il est en effet le premier traité de l'Antiquité où la critique littéraire soit considérée comme une science à part ; quoique Longin y fasse preuve d'un éclectisme assez large, c'est une critique encore toute dogmatique.

L'œuvre que Boileau semble avoir imitée de plus près est l'*Epitre aux Pisons*, d'*Horace* : on a été jusqu'à accuser l'*Art Poétique* de n'être qu'une copie déguisée de l'*Epitre*. Rien n'est plus injuste que ce reproche, et si l'on fait attentivement une étude comparative des deux écrits, on trouve que Boileau n'a pas traduit ou imité plus d'une centaine de vers ; en outre le ton et l'allure de notre critique sont bien différents de ceux d'Horace : « Il est, dit M. Gerugez, plus méthodique, plus harmonieux, plus soutenu, mais il n'a pas la libre allure, la netteté, la profondeur de son modèle. Boileau a plus de gravité et moins de force, plus d'ordre et une moindre portée. »

Il ne semble pas douteux que Boileau ait connu et étudié les traités de *Scaliger* (1561) et de *La Mesnardière* (1640) ; les *Poetices libri VII* de Scaliger sont une imitation ingénieuse, œuvre d'érudit ; quant à la *Poétique* de La Mesnardière, son titre principal à être sauvé de l'oubli est d'avoir servi à Boileau.

Ses ennemis lui ont reproché d'avoir pillé l'*Art poéti-*
que de *Vida*, évêque d'Albe en Italie au xvie siècle.
Vida a écrit en latin trois livres de préceptes poétiques,
qui n'ont pas une autorité critique reconnue, et qui ne
sont guère intéressants que par quelques vues ingénieuses qu'ils renferment sur l'éducation. — Boileau
déclare n'avoir jamais lu *Vida*, et nous pouvons l'en
croire : l'eût-il connu d'ailleurs, il ne lui aurait guère
emprunté.

Enfin, on a relevé plus d'une ressemblance entre
l'*Art Poétique* de Boileau et celui de *Vauquelin de la*
Fresnaye. Il est peu probable que Boileau se soit servi
de ce modèle, et l'on peut suffisamment expliquer les
ressemblances entre les deux œuvres par la source commune où elles ont puisé, Vauquelin de la Fresnaye
ayant imité Horace avant Boileau. Ajoutons qu'il est
bien plus près de son modèle ; on retrouve en lui beaucoup du laisser-aller, du naturel, de l'abandon, de la
verve, de l'*Epitre aux Pisons*. Enfin sa critique est
plus large que celle de Boileau : il ne méprise pas
comme lui notre vieille littérature, et tient en certaine
estime les formes poétiques du moyen-âge même, qu'il
croit mériter d'être étudiées. La lecture de *Vauquelin*
de la Fresnaye encore aujourd'hui ne manque pas d'un
certain charme ; mais il est trop loin de nous par les
formes de la pensée et de la langue, et le véritable *Art*
poétique français reste celui de Boileau.

Cette place d'honneur lui restera toujours, à cause du
caractère si français de l'œuvre, qui lui donne une incontestable originalité : le goût de la règle et de la mesure,
le culte de la *raison* et du *bon sens* par dessus toute
chose, voilà ce qui appartient en propre à notre *législa-*
teur du Parnasse.

De la théorie de Boileau sur l'Épopée.

(7 août 1884)

PLAN (1). — Boileau, comme tout son siècle, a ignoré la véritable nature de l'Épopée. L'étude comparative des littératures de tous les peuples a révélé aux modernes les conditions du poème épique, mais le XVIIᵉ siècle ne connaissait que l'antiquité, et chez les anciens, toutes les épopées procèdent d'Homère. Aussi Boileau entendait-il par épopée un poème qui fût plus ou moins modelé sur l'*Iliade* ou l'*Odyssée* ; la poésie épique était, à ses yeux, un genre où l'imitation des anciens s'imposait, et l'une des premières règles qu'il prescrit est la reproduction artificielle de la mythologie antique, à l'exclusion du merveilleux chrétien.

Il faut savoir aujourd'hui reconnaître à quel point une telle théorie est incomplète et erronée. Non, l'épopée n'est pas un jeu d'esprit, qui

> Dans le vaste récit d'une longue action,
> Se soutient par la fable et vit de fiction.

Cette définition fantaisiste ne convient qu'aux épopées artificielles, écrites à loisir par les lettrés, avec une patience curieuse et érudite ; elle ne saurait répondre aux épopées nationales et populaires, œuvres de foi sincère et d'ardent patriotisme que composent, avec la collaboration de tout un peuple, les bardes des âges primitifs. Quant à la mythologie, elle ne saurait non plus être considérée comme une des conditions de l'Épopée ; très légitime chez les anciens, dont elle reproduisait fidèlement les croyances, elle ne peut être dans les œuvres modernes qu'une allégorie déplacée, et l'on a bien fait, de nos

---

1. V. Ch. Urbain, *Précis d'un cours de Littérature*, chap. I, art. 4, p. 156 et 178.

jours, de la bannir avec soin des sujets qui ne sont pas empruntés à l'antiquité, pour la remplacer par le merveilleux chrétien, condamné à tort par Boileau.

A quelles sources Racine a-t-il puisé pour composer ses tragédies profanes?

(29 juillet 1884)

DÉVELOPPEMENT. — Racine ainsi que Corneille, et tous les autres littérateurs de son temps, ne soupçonnait guère qu'on pût chercher des sujets dramatiques ailleurs que dans les tragiques ou historiens de la Grèce et de Rome. Il semblait, en effet, à toute sa génération, que la littérature française fût née d'hier; la langue et les écrits du moyen-âge, les ébauches de tragédie nationale qu'il avait laborieusement mises au jour, tout avait sombré dans le grand naufrage déchaîné par la Renaissance, et l'on ne concevait pas qu'on pût rien écrire sans prendre pour modèles les chefs-d'œuvre qu'elle avait brusquement révélés. Aussi Racine, suivant la pente naturelle où l'entraînait l'éducation littéraire qu'il avait reçue, demanda-t-il à l'antiquité classique le sujet de ses tragédies profanes.

Très épris de la littérature grecque, au rebours de Corneille qui n'a guère connu que les lettres latines, c'est surtout aux poètes dramatiques d'Athènes que Racine emprunta ses sujets, et, entre tous, à Euripide, dont le pathétique convenait à l'exquise sensibilité de son âme. *Andromaque* (1667), qui eut presque autant de succès que le *Cid*, au témoignage des contemporains, fit une véritable révolution dans notre théâtre, en transportant sur la scène française, jusqu'alors occupée par l'héroïsme cornélien, l'analyse des passions et la tendresse de sentiments qui anime les tragédies d'Euripide. Mais on doit remarquer que Racine, non content d'imiter les deux pièces d'Euripide intitulées *Andromaque* et les *Troyennes*, s'inspira aussi de l'*Iliade* d'Homère et de l'*Enéide* de Virgile, tout en empruntant quelques traits aux *Troyennes* de Sénèque. *Iphigénie* (1674) fut également imitée d'Euripide qui nous a laissé une tragédie du même nom ; toutefois Racine se servit encore d'Homère et de Virgile pour peindre les caractères d'Achille et d'Agamemnon. Enfin c'est dans *Phèdre* (1677) qu'il se montra surtout l'imitateur d'Euripide, mais en surpassant de beaucoup son modèle, car l'*Hippolyte* du poète grec, outre que l'intérêt s'y concentre sur le sort d'Hippolyte et non sur « *la douleur vertueuse, de Phèdre, malgré soi perfide, incestueuse,* » ne peut, en dépit de ses beautés, être égalée au chef-d'œuvre que Racine en a tiré. Si à ces trois pièces, imitées directement du théâtre grec, l'on ajoute *Mithridate* (1673) qui fut conçue en partie d'après Plutarque, nous avons énuméré toutes les tragédies que Racine a puisées à la source grecque.

A la littérature latine, il ne prit que deux de ses pièces. L'une, *Britannicus* (1669), qui est restée, selon le mot consacré par Voltaire, « *la pièce des connaisseurs* », fut inspirée à Racine par la lecture de Tacite, qu'il proclame avec raison « *le plus grand peintre de l'antiquité* ». Il usa aussi vraisemblablement de Suétone (*Vie de Néron*), ainsi que de l'*Octavie* de Sénèque. Quant à *Bérénice* (1670), « cette élégie soupirée sur commande, où rien n'est dramatique, mais où tout est touchant », elle se résume dans deux mots d'une courte phrase de Suétone : *Titus reginam Berenicem... ab Urbe dimisit,* invitus, invitam. Mais en réalité le sujet de cette tragédie, où Racine a mis toute sa sensibilité et qui est l'expression la plus fidèle de son génie délicat et tendre, lui avait été suggérée en même temps qu'à Corneille par la duchesse d'Orléans, Henriette d'Angleterre ; malheureusement la jeune princesse mourut sans voir jouer les œuvres qu'elle avait inspirées, et Bossuet eut à déplorer en termes émus sa fin douloureusement mystérieuse quelques semaines avant la représentation.

Pour clore la liste des tragédies profanes de Racine, il ne nous reste plus qu'à citer *Bajazet* (1672), pièce qui occupe une place à part dans les œuvres de notre poète, car il l'a puisée dans l'histoire contemporaine. Rappelons même que cette tentative lui fut reprochée, non sans raison, car bien qu'elle nous offre de grandes beautés, cette tragédie, trop violente, n'a pas cet intérêt élevé qui excite la sympathie dans l'âme du spectateur ; s'il est vrai que Racine ait voulu innover en prenant ses sujets dans l'histoire moderne, elle pouvait lui fournir, en France ou dans les pays voisins, quelque action plus noble que cette « intrigue de harem. »

Telles sont les sources d'où Racine a tiré ses tragédies profanes, — *Esther* et *Athalie* ne sont pas de notre sujet ; — c'est aux Grecs, comme nous le disions au début, qu'il a surtout emprunté ; et, en effet, son génie, fait de sensibilité profonde et discrète, a une étroite parenté avec le génie grec que caractérisent tout ensemble l'esprit de mesure et la délicatesse des sentiments. Cette douceur, toute grecque, qu'il a si bien reproduite dans les pièces imitées des poètes grecs, se retrouve également dans les sujets qu'il a empruntés aux Romains, comme, en général dans toutes ses tragédies ; aussi, de même que les anciens appelaient Térence le plus grec des poètes latins, l'on peut dire que Racine est le plus grec des poètes français.

Comparer les caractères d'Andromaque et d'Hermione dans l'Andromaque de Racine.

(11 novembre 1885)

PLAN. — *Andromaque* est le type de l'amour conjugal et maternel ; sa fidélité à la mémoire d'Hector l'a fait renoncer aux offres les plus séduisantes de Pyrrhus ; sa tendresse pour Astyanax lui fait sacrifier sa haine et sa dignité au point de supplier Hermione et de s'humilier en dernier lieu devant Pyrrhus. Elle ne songe un instant à se donner à son vainqueur que pour sauver de la mort Astyanax. La lutte de ces deux sentiments également impérieux fait de ce personnage un des plus dramatiques du théâtre de Racine. *Hermione* personnifie l'amante tantôt plaintive et désespérée de l'inconstance de Pyrrhus, tantôt furieuse et avide de vengeance, constamment jalouse jusqu'à en être cruelle, pleine d'irrésolution quand son orgueil et son amour entrent en lutte ; elle agit pourtant, mais avec désespoir, en ordonnant à Oreste de tuer Pyrrhus et en se donnant elle-même la mort ; elle est l'esclave de la passion comme Andromaque est l'esclave du devoir.

Voltaire a dit : « Britannicus est la pièce des connaisseurs ; » prouver par l'analyse des caractères de la pièce, la justesse de cette appréciation.

(6 novembre 1884)

DÉVELOPPEMENT. — Quand on a vu jouer ou lu attentivement *Britannicus*, on est frappé de la netteté avec laquelle se dégage l'unité de ce drame ; c'est le caractère de Néron qui est le centre de l'action, qui absorbe presque tout l'intérêt. Ce n'est pas à dire, d'ailleurs, que l'épisode de la passion qui unit *Britannicus* et *Junie* ne soit pathétique et charmant, même tragique ; mais ce n'est là qu'une partie accessoire de la pièce quoiqu'elle soit indispensable à sa marche. L'anxiété se porte moins, en somme, sur les dangers que courent ces deux jeunes amants, que sur la lutte intérieure qui agite Néron et va changer la face du monde.

Racine s'est attaché à représenter le monstre naissant, qui n'en est qu'à ses débuts. Pourtant ce criminel novice donne déjà des preuves de ce qu'il sera. Avec quelle placidité il déclare à Burrhus ses plans criminels, avec quel calme il commet ses perfidies ; quelle hypocrisie raffinée il déploie pour mieux accabler ensuite Agrippine sa mère !

Quant à Aggripine, Racine nous en fait le portrait d'après Tacite, avec une fidélité et une sûreté admirables. Comme son caractère sans scrupules et plein d'ambition jalouse se découvre bien dans cette scène où, passant ses crimes en revue, elle prétend s'en excuser par la tendresse qu'elle simule envers son fils ! Mais Néron, auquel elle ne peut donner le change, affiche toutes les apparences d'une soumission sincère ; cette habile manœuvre rend à Aggripine tout son orgueil et toutes ses illusions ; elle a les calculs d'un politique, mais elle les détruit par son impatience et par ses imprudentes hardiesses.

Britannicus, victime héroïque, est un caractère noble et fier que la cruauté toute puissante de Néron ne peut faire plier ; il est prêt à tout, à tout sacrifier, sauf son dernier bien, l'amour craintif, mais ardent et sûr de Junie. Surpris à ses pieds par le tyran, il s'explique avec une mâle assurance:

Quant à Junie, c'est une des plus belles figures de

femme que Racine ait esquissées. Elle est réduite à dissimuler sa tendresse pour Britannicus, dont elle crain-
drait de hâter la perte par ses épanchements, car ils sont
épiés. Mais si elle doit refouler au fond de son cœur tous
les dehors de son amour, elle n'en est que plus passionnée, plus dévouée ; elle est prête à tout sacrifier ;
elle refuse le trône avec simplicité, mais avec des accents fermes et sublimes.

Vient ensuite Burrhus ; il fut avec Sénèque, précepteur de Néron ; mais tandis que Sénèque, courtisan
d'un caractère faible, se déshonora au point d'excuser
le crime de Néron, Burrhus resta, et c'est ainsi que
Racine nous le peint, l'homme du devoir et de la
conscience ; son langage est toujours franc et libre, soit
qu'il réponde aux reproches d'Agrippine avec la liberté

> D'un soldat qui sait mal farder la vérité,

soit qu'il s'efforce d'arrêter Néron sur la pente de ses
forfaits. Mais Burrhus conserve trop ses illusions ; âme
candide, il ne suppose pas toute l'étendue du mal dont
l'empereur est capable ; il croit encore possible un
retour sinon à la vertu, du moins à une honnêteté relative et qui recule devant le crime.

> Non, quoi que vous disiez, cet horrible dessein
> Ne fut jamais, Seigneur, conçu dans votre sein

s'écrie-t-il en apprenant de la bouche même de Néron
tous les forfaits qu'il médite.

Le rôle de Narcisse, peu tragique en lui-même, est
pourtant un des plus remarquables de la pièce ; ce personnage, qui nous inspire un mépris mêlé d'indignation,
est indispensable à la marche de l'action ; c'est lui qui
combat l'influence parfois prépondérante de Burrhus, qui
par son ironie cynique, fait évanouir toutes les hésita-

tions, qu'un restant de pudeur fait encore naître chez Néron ; cette époque néfaste vit des affranchis devenir les ministres des Césars ; Pallas en était, Narcisse en est resté le type ; avide d'honneurs et d'argent, il s'était mis en faveur auprès de Claude à force de servilité.

L'analyse succincte des caractères de la tragédie de Racine montre bien la justesse de l'appréciation de Voltaire : *Britannicus* est bien la pièce des connaisseurs. Avant lui, Boileau avait rendu un témoignage analogue à ce chef-d'œuvre en disant à son ami : « Vous n'avez rien fait de plus fort, » et en lui adressant, dans ses vers, cette apostrophe :

> Et peut-être ta plume aux censeurs de Pyrrhus
> Doit les plus nobles traits dont tu peignis Burrhus.

Les caractères de traîtres dans le théâtre classique; en particulier ceux de Maxime, Narcisse et Mathan.

(17 novembre 1885)

PLAN. — S'il est vrai de dire en général que Racine est le peintre des passions, et Corneille celui des caractères, il faut néanmoins convenir que cette différence n'a rien d'absolu, car Racine a, lui aussi, tracé certaines figures d'un burin non moins fort et hardi que Corneille; et dans la peinture des caractères de traîtres, il a tout au moins égalé, disons même surpassé, l'auteur d'*Horace* et de *Cinna* ; témoin Narcisse et Mathan qu'il faut comparer avec Maxime.

Ce dernier n'est, en effet, dans *Cinna*, qu'un personnage effacé ; d'ailleurs il n'est traître que par occasion, par faiblesse, et s'il dévoile à Auguste le secret du complot, c'est uniquement parce qu'il veut empêcher l'union

7

de *Cinna*, dont il est jaloux, avec Emilie, qui lui a promis sa main, en cas de succès. Son rôle de rival malheureux le fait même tomber parfois au rang d'un personnage de comédie, témoin sa tentative d'enlèvement qu'Emilie repousse avec mépris, et sa réapparition soudaine, alors qu'on le croyait noyé dans les eaux du Tibre.

Bien différente est la conception des caractères de Narcisse et de Mathan, tracés avec une vigueur de pinceau qui rappelle l'*Iago* de Skakspeare. Tous deux sont bien vraiment des traîtres, sans remords ni conscience : mais Narcisse se laisse aller à sa perversité naturelle, au lieu que Mathan est guidé par sa haine contre Joad et obéit plutôt à l'ardeur de la vengeance qu'à une basse et vile ambition ; en outre la différence de leurs conditions se reflète dans leur physionomie morale, Mathan empruntant au sacerdoce dont il est revêtu un certain air de grandeur, l'affranchi Narcisse ayant gardé l'humilité obséquieuse de son ancienne servitude. A part ces différences, tous deux jouent à peu près le même rôle, l'un en flattant les penchants criminels du « monstre naissant », l'autre en étouffant chez « l'implacable Athalie » les derniers scrupules qui peuvent encore la retenir.

Tels sont, d'après ces trois exemples, les caractères des traîtres dans la tragédie classique ; on voit, surtout en ce qui concerne Narcisse et Mathan, qu'ils concourent sourdement, mais puissamment, au développement du caractère principal, et contribuent ainsi à l'action ; l'intérêt tragique réside bien plus, en effet, dans les peintures morales et l'analyse des passions que dans la complication savante des évènements.

Comparer, dans *Le Misanthrope*, les caractères de Philinte et d'Éliante.

(18 août 1885)

DÉVELOPPEMENT (1). — Le personnage sympathique d'Éliante est mis en relief par les traits saisissants avec lesquels Molière nous a montré Célimène et la prude Arsinoë, l'une avec ses travers impardonnables, l'autre avec ses ridicules. Éliante nous attire et nous charme par sa sincérité, sa douceur, son naturel, son caractère ouvert et sa profonde raison. Elle est sérieuse, tout en étant enjouée, pleine d'aisance, et déjà posée, car l'expérience et la réflexion ont déjà porté leurs fruits en elle. Elle est pleine de délicatesse, de discrétion, de modestie, et, pour ainsi dire, d'abnégation ; elle écoute plus volontiers qu'elle ne prend la parole, à moins que ce ne soit pour défendre un absent ou faire diversion à la médisance de son entourage ; douée de beaucoup d'esprit, elle le laisse voir presque malgré elle et ne l'exerce jamais contre personne. Ce n'est pas elle qui applaudira à la verve railleuse du cercle mondain et désœuvré au milieu duquel elle se trouve comme égarée ; elle atténue ou corrige la médisance en se mêlant, quoique discrètement, à l'entretien général pour modérer l'ardeur de l'un, prêcher les ménagements à l'autre. Parfois son silence est plus éloquent, elle a l'art de blâmer sans froisser, de diriger au besoin la conversation, de la ramener dans la voie convenable d'où elle avait dévié, de conjurer le péril qui pourrait naître de certains écarts de langage et d'amortir, à l'occasion, par une correction inattendue, l'effet d'une mordante allusion. Le trait principal du

---

1. V. Urbain et Jamey, *Les Classiques français du Baccalauréat*, Tome 2, p. 689 et 696.

caractère d'Eliante est la bienveillance pour tous, l'indulgence, la conciliation désintéressée, en un mot, la bonté. Un exemple admirable qu'elle donne de cet heureux naturel est le rôle qu'elle joue à l'égard d'Alceste, pour qui elle a du penchant, ce qui ne l'empêche pas de s'oublier elle-même et de plaider les circonstances atténuantes en faveur de l'ingrate Célimène. Ce personnage, qui ne semble que secondaire dans la pièce, est donc une figure charmante qui contraste heureusement avec les autres types de femmes que nous y voyons.

Philinte représente aussi, dans un autre genre, la modération, mais il perd un peu de notre estime en raison de son scepticisme qui est, plus que la charité, le fond de son caractère. Pour lui, tout n'est pas pour le mieux dans le meilleur des siècles ; mais, pour vivre tranquille, il n'hésite pas à « rendre offre pour offre et serments pour serments » ; optimiste et tolérant, il ne s'émeut de rien, s'enferme dans son *ataraxie*, se pique d'un « flegme philosophe » et prend, sans se chagriner, les humains comme ils sont ; c'est là, on peut le dire, de l'insouciance, peut-être même de la misanthropie, et celle-là plus incurable que celle d'Alceste. Sa morale ne semble pas reconnaître de lois bien arrêtées : l'usage et ses caprices, la bienséance et ses hypocrisies en sont la base ; aussi Molière n'a-t-il pas proposé cette ligne de conduite comme un modèle. Il a créé ce personnage pour amorcer, pour ainsi dire, par ses contradictions, celui d'Alceste qui ne devient comique qu'une fois impatienté par son ami et poussé aux dernières exagérations des sentiments qu'il professe. Cependant un écrivain un peu sévère, Fabre d'Eglantine, nous paraît dépasser la mesure quand il consacre au caractère de Philinte des diatribes un peu déclamatoires. Philinte, il est vrai, est prodigue de protestations frivoles, mais il ne se méprend pas sur le rôle qu'il joue, pas plus que sur les ridicules qu'il se croit obligé d'encenser. Dans la scène du son-

net, les approbations qu'il ne ménage pas à Oronte ne
tirent guère à conséquence ; ce sont les formules d'un
homme qui ne veut pas heurter les gens de front ; Philinte cherche aussi, en faisant la contre-partie d'Alceste,
à faire diversion à la rigueur du Misanthrope qui va
engendrer une rupture fâcheuse et une violente explication. D'ailleurs, Philinte n'est si conciliant, si indulgent
qu'avec ceux qui lui sont indifférents ; il ne garde pas le
silence sur les défauts d'Alceste, et ce nous semble être
une preuve de son dévouement pour lui ; il s'efforce de
lui faire voir le rôle ridicule qu'il joue, et les soucis sans
nombre qu'il se prépare. Il cherche à arracher son cœur
à la coquette Célimène, à le décider en faveur d'Eliante,
et fait son possible pour empêcher la querelle qu'il n'a
pu prévenir, d'avoir les conséquences qu'il prévoit.
Il ne se lasse pas de rendre service, sans se faire valoir,
à son ami, toujours maussade ; il lui fait la leçon sans
humeur, sans fiel, courageusement, mais avec ménagement. Ce sont là des traits de son caractère qui rachètent en grande partie les défauts que nous avons signa-
lés, et qui sont même un titre à notre sympathie.

Expliquer cette opinion de Voltaire : « La bonne comédie fut ignorée jusqu'à Molière. »

(12 août 1884)

DÉVELOPPEMENT. — Les contemporains de Molière
n'ont guère porté sur lui de jugements équitables : Fénelon, La Bruyère, Boileau, mêlent à leurs éloges des
reproches sévères, et nous nous étonnons aujourd'hui
qu'on ait pu parler des *barbarismes* de Molière, et qu'on
ait voulu lui faire un crime d'être à la fois l'auteur des
Fourberies de Scapin et du *Misanthrope*.

La postérité a été plus juste, et n'a pas apporté les mêmes réserves timides à son admiration : Molière a été dès lors considéré comme le grand maître de la scène comique, et Voltaire a pu dire que jusqu'à lui « la bonne comédie fut ignorée. » Nous voyons combien cette appréciation est justifiée si nous examinons rapidement le caractère des poètes comiques, qui l'ont précédé ; nous nous rendrons compte ainsi de la révolution immense qu'il a opérée dans le fond et la forme de la comédie.

La comédie d'*Aristophane* n'est qu'une satire violente et brutale, une bouffonnerie dont la verve va parfois jusqu'au lyrisme, et qui ne connaît d'autres limites que celles de la plus extrême licence : l'action dramatique, très rudimentaire, n'est qu'un prétexte et un canevas.

Plaute est plein de verve et de gaieté, mais ses sujets sont très peu variés : la donnée presque perpétuellement identique est la peinture des désordres que le commerce des courtisanes introduit dans les familles. Il ne serait pas exact de considérer pour cela le poète comme dépourvu d'imagination, car le développement offre toute la variété dont il est capable ; le dialogue est très vif, mais la verve débordante de l'auteur lui fait tort, et les quolibets, d'ailleurs grossiers le plus souvent, les plaisanteries généralement peu délicates, les a-partés comiques, les hors-d'œuvre de tout genre nuisent au développement naturel de l'action.

Tout autre est le talent de *Térence*. Ses comédies sont des peintures délicates, de fines miniatures, et il n'est rien de plus doux, de plus suave, que ses figures de femmes, tracées d'un trait pur et discret ; malgré ces qualités si précieuses, ses pièces laissent beaucoup à désirer au point de vue dramatique, elles sont froides, et le dialogue manque absolument de mouvement et de vie. *Térence* est plus honnête que *Plaute*, et par là il se rapproche davantage de la grande comédie ; mais en

même temps il est plus sentimental que gai, et il lui
manque l'une des qualités essentielles du poète comique,
l'entrain et la verve.

Molière est donc évidemment supérieur, par les qualités que nous allons essayer de marquer tout à l'heure,
à ses illustres prédécesseurs en Grèce et à Rome. Voyons
maintenant en quoi il l'emporte sur les poètes comiques
qui l'ont précédé au moyen-âge et pendant la Renaissance.

Pendant le moyen-âge, ce qui correspond véritablement à la comédie c'est la *farce*, dont la farce de l'Avocat Pathelin, au xvᵉ siècle, est le type et le chef-d'œuvre;
mais c'est encore l'enfance de l'art, et, d'ailleurs, la
farce est licencieuse, sans règle et sans mesure, ni littéraire, ni morale, comme l'art tout entier du moyen-âge.

Le premier enthousiasme de la Renaissance se manifeste, dans la comédie, par des traductions et des imitations antiques (traduction de *Térence* par Octavien de
Saint-Gelais et Bonaventure des Périers ; traduction
du *Plutus* d'Aristophane, par Ronsard, encore écolier;
imitation du *Miles gloriosus* de Plaute dans le *Brave
ou Taille-Bras, de Baïf*). Dans la seconde moitié du
siècle, un peu avant 1650, apparaissent les premiers
linéaments de la comédie moderne, avec l'*Eugène*,
de Jodelle (supérieure à ses tragédies); puis viennent
les premières comédies en prose (*Larivey*, d'origine
italienne, donne *Les Esprits* ; *Odet de Turnèbe*, fils
de l'helléniste, *Les Mécontents*). Les comédies de cette
seconde partie du xvıᵉ siècle sont des traductions
ou des imitations des pièces italiennes : la farce du
moyen-âge dont le fond a subsisté sous toutes les imi-
tions savantes, est ainsi renouvelée et transformée par
cet élément nouveau, tout en conservant sa physionomie
bouffonne et ses habitudes de liberté excessive. Dès
lors, les intrigues enchevêtrées, les imbroglios, les fatras
inextricables d'invraisemblables aventures, à la manière

de *Machiavel* et de l'*Arioste*, deviénnent le fond obligé
de toute comédie. L'imitation italienne défraie toutes les
œuvres de cette époque : *Turnèbe, François Amboise,
Charles, Étienne, Jean de la Taille*, ne puisent pas
ailleurs leurs inspirations. La licence du ton de la comédie reste excessive, et si l'on y trouve quelques traits
de caractères, ils passent inaperçus dans l'enchevêtre-
ment des incidents et des situations.

Puis, à la fin du xvɪe siècle, la farce disparaît peu à
peu et la faveur appartient à un genre nouveau emprunté
à l'Espagne, la tragi-comédie (*Hardy, Théophile, Scu-
déri*). La comédie devient alors un genre mixte, plus
près de la tragi-comédie que de la farce, et où l'influence
de l'Espagne se fait sentir désormais plus que celle de
l'Italie. Les personnages concrets qu'on trouvait du
moins dans la farce, font place alors à des types mono-
tones et vagues : *Le Docteur, Le Capitan*, etc. Les
poètes ne cherchent plus des intrigues embrouillées,
mais des aventures invraisemblables et presque mer-
veilleuses (imitation surtout de Lope de Vega, à qui,
cependant, on laisse sa verve); mais nulle part on ne
trouve la lutte d'un caractère et d'une passion.

• « Le théâtre comique, vers la fin du xvɪe siècle, se
traîne misérablement, et il faut attendre trente années
de silence pour le voir revenir à la vie, mais cette fois
avec un éclat et une vigueur qui le mettent à tout jamais
hors de pair » (Darmester et Hatzfeld, *Le ̄xvɪe siècle en
France*, p. 182).

Enfin on voit paraître *Mélite*, de Corneille, qui est un
pas immense fait vers la comédie de mœurs : le dialogue
est débarrassé des trivialités et des grossièretés qui l'en-
combraient ̇jusque-là, les personnages sont naturels,
l'action est intéressante ; puis vient le *Menteur*, où nous
trouvons une situation véritable, de vrais caractères, le
langage aisé et souple de la conversation. Le ton de la
« bonne comédie » est trouvé, et l'on peut dire que

Corneille en est le père, comme il est le père de la tragédie moderne ; mais il manque à ces premières œuvres
de génie le caractère essentiel de toute vraie comédie : la vie. Corneille a le tempérament tragique ; il
n'observe pas assez, et ses personnages sont trop faits
de tête.

Enfin Molière vient. Avec un instinct admirablement
sûr, il débute par la farce, parce que là, du moins, il se
sent près de la nature et que à travers les exagérations
du genre, il sent bien qu'il peut faire voir des types
vivants. Aussi plus de mœurs romanesques : il faut à
la comédie des mœurs véritables, empruntées à la nation
et au temps où vit le poète. Molière va donc fonder une
comédie qui puisera tous ses traits dans la société contemporaine, comédie toute d'observation, toute psycho-
logique, où le poète disparaît, et où l'œuvre seule vit
devant nous. La farce peut donc fort bien être déjà la
comédie de caractères à son plus humble degré ; Boileau
ne semble pas l'avoir compris, et sa sévérité est vraiment déplacée lorsqu'il reproche à Molière d'avoir parfois allié *Tabarin* et *Térence*. Molière a eu raison de
maintenir la verve franche et vive, la vieille gaieté française, compromise par les scrupules des délicats, et
« l'auteur du *Misanthrope* » peut bien ne pas désavouer
les Fourberies de Scapin.

Ce que Molière s'efforce d'atteindre avant tout, c'est
le naturel ; aussi les traits qui lui ont servi à tracer les
figures d'Alceste, d'Harpagon, de Tartufe, n'ont pas
été pris à une autre source que ceux avec lesquels
il a peint M. Jourdain ou Sganarelle. Peu importent
les situations ; le poète ne s'en occupe pas, car elles
sortent tout naturellement de la peinture des caractères ; et par cela même que les situations sont secondaires, les types que nous peint le poète ne sont pas
seulement des personnages de tel temps et de tel
pays, mais des types universels, sans que leur réalité

concrète et vivante en souffre. — Les conditions dans lesquelles a vécu Molière ont été d'ailleurs singulièrement propices pour favoriser son génie d'observation : acteur pendant plusieurs années en province, en même temps qu'auteur, il a beaucoup vu et beaucoup retenu, et la ville et la cour lui sont également familières ; la connaissance de la cour surtout a eu une influence considérable sur la physionomie générale de son œuvre.

C'est donc en observant, finement et profondément, que Molière a renouvelé entièrement, et nous pouvons dire fondé la comédie en France, et il ne l'a pas transformée seulement pour le fond, mais encore pour la forme ; car après Corneille même la langue de la comédie était à trouver, et le style du *Menteur*, dans les meilleurs endroits, est presque tragique. Molière remplaça cette tenue un peu trop uniformément digne par un enjouement et une verve, qui ont donné à la comédie son véritable ton.

Lorsqu'on examine ainsi l'œuvre entière de Molière, on voit quelle révolution décisive il a opérée ·dans le théâtre de son temps, et combien est juste l'opinion de Voltaire ; aussi n'hésiterons-nous pas à considérer notre grand poète comique comme le premier des anciens et des modernes, et, en supprimant le *peut-être* de Boileau, à déclarer que Molière

de son art a remporté le prix.

Discuter le projet exposé par Fénelon dans la Lettre à l'Académie pour enrichir la langue française.

(17 novembre 1884) et (9 novembre 1885)

PLAN. — Fénelon, constatant que « notre langue manque d'un grand nombre de mots et de phrases », se plaint « qu'on l'ait gênée et appauvrie, depuis cent ans, en voulant la purifier ». Il se propose donc de l'enrichir, et voici les moyens qu'il imagine : 1° Ne perdre aucun mot, et en acquérir de nouveaux ; 2° Créer plusieurs synonymes pour un seul objet ; 3° Créer des mots composés ; 4° Prendre aux étrangers les mots qui nous manquent ; 5° Enfin, imaginer des alliances de mots.

Au premier moyen, il faut objecter qu'une langue qui s'accroîtrait indéfiniment sans rien perdre, s'encombrerait au lieu de s'enrichir, et ne se renouvellerait pas. Quant au second, s'il est vrai qu'il permettrait d'éviter les répétitions de mots et de varier l'harmonie, il nuirait certainement à la clarté, en introduisant dans les mots une diversité qui ne serait pas dans la pensée, et fatiguerait l'esprit en déroutant l'attention. Du troisième moyen, excellent en principe, on doit dire qu'il est très scabreux et que l'école de Ronsard se repentit d'en avoir usé. Pour le quatrième, il faut laisser le peuple l'employer suivant son instinct propre et au fur et à mesure de ses besoins, car il serait chimérique de remettre au goût des gens éclairés ou aux décisions de l'Académie le choix des termes qui peuvent être importés dans notre langue ; d'ailleurs, il faut remarquer avec Voltaire qu'un mot nouveau n'est légitime que quand il est absolument nécessaire, intelligible et harmonieux. Enfin du cinquième moyen, on dira qu'il ne peut guère avoir de portée, étant d'un usage forcément restreint : c'est plutôt un artifice de style qu'un procédé propre à enrichir la langue.

En résumé, on voit que Fénelon, qui exagère l'insuffisance de la langue française, ne propose guère, pour combler ses lacunes et compenser ses pertes, que des moyens chimériques, peu en rapport avec le goût et l'esprit français. S'il est vrai que notre langue soit appauvrie, il faut nous borner, pour l'enrichir, à puiser discrètement, soit dans le vieux français, qui nous appartient toujours, soit dans les langues latine et grecque, qui sont les sources de la nôtre.

Des opinions de Fénelon sur l'Éloquence.

(4 novembre 1885)

PLAN. — Dans les théories qu'il a émises sur l'Éloquence, Fénelon songeait surtout à celle de la chaire, mais ses préceptes sont généraux et embrassent l'art de bien dire tout entier.

Ils se résument dans cette belle définition qu'il donne de l'homme éloquent : « L'homme digne d'être écouté est celui qui ne se sert de la parole que pour la pensée, et de la pensée que pour la vérité et la vertu. » Aussi condamne-t-il les vains ornements où se complaisent les déclamateurs fleuris, qui « énervent les plus grandes vérités par un tour vain et trop brillant. » La vraie éloquence, pour lui, est celle qui « ne tend qu'à persuader et à émouvoir les passions », où « tout instruit et touche », mais où « rien ne brille.» « Le véritable orateur », dit-il encore « n'est point esclave des mots : il va droit à la vérité ; il sait que la passion est comme l'âme de la parole ; il pense, il sent, et la parole suit. » C'est pourquoi il préfère de beaucoup Démosthène à Cicéron : « le premier, dit-il, se sert de la parole comme un homme modeste de son habit pour se couvrir; on pense aux choses qu'il dit, et non à ses paroles »; tandis qu'il y a trop de parure dans les discours de Cicéron; l'art y est merveilleux, mais on l'entrevoit, « et il se décrédite en se montrant. »

En résumé, Fénelon, des trois conditions que Cicéron assignait à l'Éloquence : *prouver*, *plaire*, *toucher* (*docere*, *delectare*, *flectere*), supprime la seconde, ou plutôt la modifie, en disant que l'orateur doit se borner à *peindre* ce qu'il dit, sans chercher à éblouir ni à charmer par les prestiges de son discours, et cette ingénieuse correction doit être pleinement approuvée, surtout en ce qui concerne l'Éloquence de la chaire, que Fénelon avait principalement en vue.

Rappeler les grandes divisions et les morceaux les plus remarquables du Siècle de Louis XIV, par Voltaire.

(3 novembre 1884)

PLAN. — *Le Siècle de Louis XIV* peut se diviser en quatre parties : 1º Histoire des événements politiques et militaires; 2º Tableau du gouvernement intérieur; 3º Progrès des lettres, sciences et arts; 4º Affaires ecclésiastiques.

Dans la première partie, qui comprend vingt-trois chapitres sur trente-neuf, et se subdivise en deux périodes : minorité et gouvernement personnel de Louis XIV, — voici les morceaux qu'il convient de citer : récit de la bataille de Rocroy, à comparer avec la narration oratoire de Bossuet dans l'oraison funèbre de Condé (chap. III); tableau animé de la Fronde Parlementaire (chap. IV); conquête de la Franche-Comté, faite au cœur de l'hiver (début du chap. IX); belle dé-

fense de la Hollande (fin du chap. X) ; bataille de Sénef
et mort de Turenne, (chap. XII) ; prise de Valenciennes
par Louis XIV (chap, XIII) ; réception en France du roi
Jacques II, détrôné et fugitif (chap. XV) ; second em-
brasement du Palatinat, portraits de Catinat et de
Luxembourg, batailles de Steinkerque et de Nerwin-
den (chap. XVI) ; l'admirable chap. XVII, où Voltaire
raconte comment et pourquoi la succession d'Espagne
échut au duc d'Anjou ; désastre de Crémone, portraits
de Vendôme, de Marlborough, de Villars (chap. XVIII) ;
défaite d'Hochstedt (chap. XIX) ; poignant récit des négociations infructueuses de Torcy (chap. XXI) ; victoire
de Denain (chap. XXIII).

Dans la deuxième partie, qui comprend deux chapitres, auxquels il convient de rattacher les quatre chapitres d'anecdotes qui précèdent, il faut noter : la description des fêtes (chap. XXV) ; le récit de la faveur de
Mme de Maintenon (chap. XXVII) ; le caractère de
Louis XIV (chap. XXVIII) ; son gouvernement, et les
réformes de Colbert et de Louvois (chap. XXIX).

Enfin dans la troisième partie, on mentionnera le chapitre XXXII, où Voltaire fait un tableau brillant de la
Littérature au XVIIe siècle.

Apprécier, d'après le Siècle de Louis XIV, la méthode et le talent historique de Voltaire.

(12 novembre 1885)

Plan. — Il faut reconnaître, avant tout, à Voltaire
l'exactitude, qui est le premier devoir de l'historien.

Le grand règne n'avait laissé, à cause de ses dernières
années, que de tristes souvenirs dans la nation ; l'œuvre
de Voltaire a été une réhabilitation.

On a accusé son livre d'être un panégyrique; ce reproche est tout au moins exagéré.

La critique fondée qu'on peut adresser au *Siècle de Louis XIV* est relative à sa méthode, à sa composition. Le plan est trop analytique; Voltaire raconte d'abord toutes les guerres, puis les anecdotes, puis le gouvernement intérieur, puis les finances, etc.

Quant au talent de Voltaire, il consiste, dans cet ouvrage, à se montrer narrateur consommé, écrivain facile et élégant, peintre animé et sobre à la fois.

Plan et idée générale du Discours sur le style.

(19 novembre 1884)

DÉVELOPPEMENT. — Il n'est pas aisé de donner un plan net du *Discours sur le style*. Buffon s'étend sur la nécessité du *plan* dans les ouvrages de l'esprit, et a pratiqué trop peu son précepte. Il est vrai qu'il a composé son *Discours* en quinze jours.

Exorde. — Modestie affectée. « Vous m'avez comblé d'honneur... »

Proposition. — Il va parler du style; il distingue « le talent de parler et celui d'écrire », et dédaigne « la facilité naturelle », capable seulement « d'entraîner la multitude... par un ton véhément et pathétique, des gestes expressifs et fréquents, des paroles rapides et tonnantes »; ce n'est pas là l'éloquence. Le véritable orateur s'adresse seulement à « ceux dont la tête est ferme, le goût délicat, le sens exquis. » En un mot, l'*art* est incomparablement au-dessus de la *nature.*

Division. — La division qui d'ailleurs ne sera pas très exactement suivie dans la suite du développement, donne en même temps la définition du style. « Le style n'est que l'*ordre* et le *mouvement* qu'on met dans ses pensées. » Buffon parlera donc successivement de l'*ordre* et du *mouvement* dans le style.

1° De l'*Ordre*. — Nécessité du plan. L'unité fait la perfection des œuvres de la nature ; elle doit faire aussi le prix des œuvres de l'homme. Il faut que le plan soit si fortement conçu que la pensée « puisse l'embrasser d'un seul coup d'œil » ; il faut que l'ouvrage soit « fondu d'un seul jet. »

Faute de plan, l'écrivain reste dans une *perplexité* pénible, et en est réduit à « choquer les mots les uns contre les autres, » pour en « tirer par force des étincelles, » dont l'éclat nous éblouit un instant, pour nous replonger ensuite plus profondément dans les ténèbres.

2° Du *Mouvement*. — Il résulte naturellement de l'ordre. Quand l'écrivain se sera fait un plan sévère, « il n'aura que du plaisir à écrire ; les idées se succéderont aisément, « et la chaleur naîtra de ce plaisir : les objets prendront de la couleur, et le sentiment, se joignant à la lumière, l'augmentera. »

Pour conserver au style son véritable mouvement, Buffon conseille d'éviter les *pensées fines*, les *idées légères, déliées*, « qui comme la feuille de métal battu, ne prennent de l'éclat qu'en perdant de la solidité. » Cette recherche de l'expression ne peut qu'éteindre la chaleur de la composition et nuire par conséquent au mouvement.

Buffon, après avoir parlé des qualités essentielles du style, l'*ordre* et le *mouvement*, traite ensuite des qualités accessoires : 1° la *noblesse*, qui consiste « à ne nommer les choses que par les termes les plus généraux, » théorie chère à Buffon ; 2° la *gravité* et la *sévérité*, « qui résultent de la répugnance constante pour l'équivoque et la plaisanterie; » 3° la *persuasion*, « fruit de la sincérité de l'écrivain. »

Conclusion. — Quand toutes ces qualités seront réunies, le *ton*, qui est la physionomie même de la pensée, sera ce qu'il doit être, et le ton n'est que « la convenance du style à la nature du sujet. » Buffon insiste alors sur le style sublime, dans un passage où l'on sent un peu trop percer, comme en maint endroit du *Discours sur le style*, la note personnelle ; puis il termine par un développement sur l'importance capitale du *style*, qui « est l'homme même, » et peut seul promettre aux auteurs l'immortalité, car « les ouvrages bien écrits sont les seuls qui passeront à la postérité. »

Tel est le *Discours sur le style*, où l'on aimerait à trouver un enchaînement plus rigoureux. Il est vrai que Buffon, avec une modestie affectée, prétend soumettre à l'Académie quelques réflexions seulement, que lui a inspirées la lecture des ouvrages de ses nouveaux confrères ; mais il n'en est rien, et nous sommes bien vraiment en présence d'une théorie sur le style, qui eût gagné à être présentée avec plus d'ordre et de rigueur.

Quant à l'idée générale du discours, elle est étroite et exclusive. Buffon a trop exalté l'*art* aux dépens de la *nature*, et fait une place trop restreinte à la spontanéité, à la verve, à l'inspiration, qui seules peuvent donner au style sa physionomie propre et sont vraiment l'*homme même* ; de plus il a tort de croire que le mouvement ou la marche de la pensée résulte de l'ordre, tandis qu'au contraire c'est l'ordre qui procède du mouvement, c'est-à-dire, de la vivacité avec laquelle nous sentons et nous imaginons. Enfin Buffon, dans sa théorie sur la *noblesse* du style, oublie que, comme dit Boileau, « le style le moins noble a pourtant sa noblesse », et prêche à tort l'emploi des termes les plus généraux. L'horreur du mot propre nuit à la clarté du style, et lui retire l'énergie, la couleur, la vie ; aussi Fénelon est-il plus près de la vérité, lorsqu'il signale comme un défaut ce dont Buffon fait une qualité indispensable de l'écrivain : « Nous avons, dit-il, une fausse politesse, semblable à celle de certains provinciaux qui se piquent de bel esprit; ils n'osent rien dire qui ne leur paraisse exquis et relevé; ils sont toujours guindés, et croiraient se trop abaisser en nommant les choses par leur nom. »

En résumé, pour donner du *Discours sur le style* une appréciation d'ensemble, nous dirons, sans prétendre par là diminuer la valeur et l'autorité de préceptes qui sont souvent l'expression de la raison même, que Buffon a eu le tort d'ériger parfois en règles absolues des habitudes d'esprit personnelles : le *Discours sur le style* « n'est, dit M. Villemain, que la confidence un peu apprêtée d'un grand artiste, et non la théorie de l'art dans sa belle et inépuisable vérité. »

Un ingénieux critique a écrit : « On peut dire que notre littérature tout entière est une littérature mondaine née du monde et pour le monde. » Cette opinion n'est-elle pas fondée surtout pour la littérature française au XVIIe siècle ?

(11 août 1885)

DÉVELOPPEMENT. — Pendant le moyen-âge, la littérature en France est l'expression d'une société où la vie seigneuriale d'une part, la religion de l'autre, tiennent la première place : d'où les chansons de gestes, les chants des trouvères et des troubadours, le théâtre presque exclusivement religieux. Avec la Renaissance, elle devient une jouissance réservée à une élite d'esprits cultivés et raffinés; elle est le privilège des érudits, et l'on peut dire, en général, qu'elle est née de l'érudition et pour l'érudition.

Le point de vue change au xviie siècle. Grâce à la réforme de Malherbe, et aux efforts de ceux qui cherchent à le continuer, la littérature devient le domaine de tous, et le public est le juge suprême : elle devient l'expression de la vie sociale, sous toutes ses faces, c'est vraiment une littérature *mondaine*, née du monde et pour le monde. Recherchons les principales influences qui ont donné à la littérature cette physionomie nouvelle.

Signalons tout d'abord l'influence de l'Italie et de l'Espagne, qui a atténué le pédantisme de la Renaissance, et rendu moins exclusive l'imitation de l'antiquité. — Puis vient l'influence si importante des salons, par lesquels s'exerce une sorte de dictature féminine sur les esprits. L'Hôtel de Rambouillet est le premier en date, et c'est aussi celui dont l'influence a été la plus considérable ; la cour de l'*Incomparable Arthénice* semble en effet avoir pris avant tout souci d'adoucir et de polir, non seulement les manières, mais encore la langue, jusque là un peu rude d'allures et brutale dans l'expression. On renouvelle à l'Hôtel de Rambouillet, avec bien plus de goût et de bonheur, la tentative de Ronsard, et l'on *dévulgarise* la langue, sans lui faire perdre son originalité et sa saveur ; la langue s'épure sans se déformer, et s'enrichit de mille nuances nouvelles. Ainsi se corrigea l'esprit gaulois, plein de naturel et de verve, mais fruste et malappris, — par l'esprit précieux ; c'est de leur union, ne l'oublions pas, qu'est né l'*esprit français*. — C'est là que les auteurs puisent pour la première fois le sentiment de leur dignité littéraire, le respect d'eux-mêmes et de leur talent ; les gentilshommes y prennent le goût des choses de l'esprit, et les lettrés les usages mondains. Désormais les auteurs vont vivre dans le monde, autant et plus qu'avec leurs livres, et ils y puiseront leurs plus heureuses et leurs plus vivantes inspirations.

Les salons ont remplacé, au commencement du XVIIe
siècle, ce qui est indispensable à toute littérature : un
public, — en attendant que peu à peu, par les progrès
du goût, se formât un véritable public, digne des auteurs, et capable de les apprécier.

Dès le commencement du XVIIe siècle le caractère
mondain de la littérature s'accentue très nettement.
Les lettres de *Balzac* et de *Voiture* sont de petites miniatures littéraires, faites pour circuler de mains en mains,
et inspirées par le désir de dépeindre, le plus souvent
avec emphase et affectation, les mille petits riens de la
vie *mondaine*. — Les *Mémoires* de la Ligue et surtout
de la Fronde, plus tard ceux de Saint-Simon, sont tous
pleins des intrigues de cour, des compétitions d'amour-
propre, des luttes de vanité, des menus faits et des mille
petits scandales. Saint-Simon par exemple, nous guide
dans les coulisses du grand siècle.

Pascal, prenant parti dans une querelle qui passion-
nait la société cultivée du temps, ne croit pouvoir porter
un coup plus décisif à ses adversaires que d'écrire les
Petites Lettres, sachant bien qu'elles passeront de mains
en mains sous le manteau pour être lues, et s'en remet-
tant à l'opinion publique pour décider entre la casuisti-
que du *Bon-Père* et le correspondant du Provincial. Et
l'on sait si l'évènement justifia ses prévisions ! Quel plus
éclatant témoignage en faveur de la toute puissance déjà
décisive de l'opinion publique ?

« *Saint-Evremond*, dit un fin critique, est l'homme
de société par excellence... La plupart de ses plus célèbres ouvrages ne sont que les *conversations* rédigées...
On peut dire qu'il est, avec *La Rochefoucauld*, l'écrivain
de bonne compagnie, l'écrivain de qualité par excellence
car tous deux ont fait passer de la conversation dans
leurs livres les belles et nobles manières de dire...
(Saint-Evremond) joint la contention laborieuse de
l'homme de cabinet à la recherche coquette de l'homme

du monde. » (Gilbert, *Étude sur Saint-Évremond*).

Partout où nous portons nos regards, nous voyons la société du XVIIe siècle se réfléter dans les œuvres des grands écrivains. *La Fontaine* fait repasser devant nos yeux les *cent actes divers* de cette *ample comédie* humaine à laquelle il assiste lui-même en spectateur curieux.

Mme de Sévigné a déposé dans ses lettres un trésor inestimable de renseignements historiques et de traits de mœurs ; elles pourraient servir d'introduction aux mémoires de Saint-Simon, et elles en sont souvent un piquant commentaire. Là encore nous connaissons par le menu mille détails indispensables pour l'intelligence de la vie d'alors.

La Bruyère a recueilli à Chantilly, à la cour des Condé, une bonne part des traits dont il a composé les *Caractères* ; et plus d'un de ces médaillons si finement gravés est un portrait, nous n'en pouvons douter, auquel l'auteur a changé seulement quelques détails, pour dérouter les chercheurs de *clefs*.

Enfin le théâtre tout entier au XVIIe siècle est né du monde et est fait pour le monde. — *Molière* ne fait que rendre au public ce qu'il lui a emprunté ; observateur infatigable, il a connu à fond la province, la cour, la ville. Le *Tartufe* lui a été inspiré par l'exagération hypocrite de la dévotion officielle, et il a bien prétendu en faire une satire. — *Corneille* et *Racine* n'écrivent que pour le public, qui est alors le juge suprême : on le voit bien dans la querelle du *Cid*, où il se pose résolument en face de l'Académie et des érudits, et l'on sait combien ce suffrage redonna de confiance à Corneille. Il ne se montre pas moins absolu d'ailleurs dans ses injustices, et le mauvais accueil qu'il fait à *Phèdre*, grâce à une cabale odieuse, suffit pour que Racine, découragé, prive le théâtre de chefs-d'œuvre pendant douze années.

Rappelons aussi qu'un évènement contemporain qui

fit grand bruit, un roman ébauché par le jeune roi Louis XIV avec Mlle Mancini, fut l'occasion de la *Bérénice* de Racine, et de *Tite et Bérénice* de Corneille, composés concurremment.

Tel est le caractère de cette littérature du xviiᵉ siècle, qui reçoit du milieu social où elle se produit, non-seulement son impulsion, mais sa vie même. Partout nous y trouvons les influences *mondaines*, partout aussi, chez les écrivains, la préoccupation de rendre au public ce qu'ils lui ont emprunté. On comprend comment une telle société, où la culture intellectuelle tient une si grande place, où le public fait la loi pour le théâtre, qui se passionne pour les polémiques du jansénisme, et pour les discussions théologiques du quiétisme, où la querelle des anciens et des modernes défraie la conversation du plus modeste salon, — on comprend, disons-nous, comment une telle société a pu produire et faire prospérer une telle littérature.

Développer, en apportant des exemples, ce précepte donné par Ronsard pour la poésie : « Tu auras en premier lieu les conceptions hautes, grandes, belles et non traînantes à terre, car le principal point est l'invention, laquelle vient tant de bonne nature que par la leçon de bons et anciens auteurs. »

(20 novembre 1884)

DÉVELOPPEMENT. — Le précepte de Ronsard est très juste, s'appliquant en général à toute poésie. Toutefois il faut s'entendre sur le mot de poète. On peut l'être à différents degrés. Pindare, Virgile, Horace, Molière, La Fontaine sont de grands poètes, et pourtant combien chacun d'eux offre peu de ressemblance avec les autres! L'un personnifie l'enthousiasme et la liberté absolue d'inspiration lyrique, l'autre la sensibilité, la grandeur et le culte de la patrie romaine; Horace représente l'esprit, le caractère vif, enjoué, railleur, insouciant, le bon goût et le sens critique le plus délicat; Molière, c'est à la fois la saine raison et le génie du rire; quant à La Fontaine, il possède également et tour à tour toutes les différentes qualités du poète. Et pourtant tous ces grands écrivains portent le nom de poètes, parce qu'ils ont senti vivement, qu'ils ont fait œuvre d'imagination et se sont exprimés dans une langue originale, pittoresque et émue.

Puisqu'il y a poètes et poètes, il s'ensuit qu'il y a tels préceptes qui s'appliquent aux uns et ne s'appliquent pas aux autres. L'exemple le plus frappant qu'on en puisse donner est la différence qui existe entre la tragédie et la comédie. La première, empreinte de gravité et de pompe, tire ses sujets de l'histoire et n'admet comme personnages que des gens de haut rang ou d'une célébrité reconnue; son but est de nous émouvoir par de puissants mobiles, la terreur, la pitié, l'admiration que nous inspire la lutte du devoir et de la passion. La seconde, simple et naturelle, nous représente les scènes ou les incidents de la vie quotidienne, prend ses personnages un peu partout et vise à nous divertir et à nous instruire, sinon à nous corriger. Elle est le fléau des ridicules et des mauvaises mœurs, non seulement de tous les temps, mais surtout de la société au sein de laquelle elle se développe. Le poète tragique a pour mission de nous tirer des larmes, le poète comique, de nous faire rire. L'un et l'autre ont une langue particulière : le premier parle avec une noblesse qui peut confiner parfois à l'enflure; le second est plus naturel, et vise seulement au trait d'esprit.

Ces réserves étant faites, et ces différences établies,

il reste vrai, dans un sens général, que le précepte de
Ronsard est juste. La seconde partie de ce précepte,
relative à l'invention, n'est susceptible d'aucune restriction. C'est une vérité évidente, et que, plus tard, Boileau
a formulée dans un vers devenu proverbe :

> Avant donc que d'écrire, apprenez à penser.

Horace, qu'il traduit à peu près, avait dit : *Scribendi
recte sapere est et principium et fons.* Il faut méditer
son sujet avant de le traiter. Sans doute, on peut exécuter, en se laissant aller au hasard de l'improvisation,
une composition sans importance ou sans aucune difficulté, ou bien un de ces morceaux (comme le sonnet
d'Oronte) qui sont faits en un tour de main. Certains
esprits ont le privilège de cette facilité du premier jet ;
mais, le plus souvent, ils sont plus superficiels que profonds. Mais les sujets de quelque étendue ne sont guère
susceptibles d'improvisation ; l'ordre et la disposition
sont les deux premiers obstacles ; on ne peut traiter au
courant de la plume un sujet de ce genre sans s'exposer
à y répandre le plus complet désordre. D'ailleurs, quand
on n'a pas médité son sujet, on ne peut connaître ses limites ; d'où il résulte qu'on le fait ou plus vaste, ou
moins vaste qu'il n'est ; dans le premier cas, on sort de
la question, dans le second, on est incomplet. En se pri-
vant du temps nécessaire pour faire un choix parmi les
matières de développement, on néglige de bonnes
choses, et l'on prend ce qu'il fallait laisser en son lieu.
Au contraire, le sujet une fois bien conçu, l'ordre et l'é-
locution ne présentent plus que des difficultés secondaires :

> Verbaque provisam rem non invita sequentur,

a dit Horace.

Ronsard, parlant de l'invention, dit qu'elle vient

« tant de bonne nature que par la leçon de bons et anciens auteurs », ce qui est très vrai. « *Nascuntur
poetæ* » ; mais les dons naturels, sans l'éducation, sans
l'imitation d'excellents modèles, ne donneraient pas de
résultats. Avant de produire, il faut lire, apprendre les
œuvres des maîtres, anciens et modernes; mais Ronsard,

> Dont la muse en français parlait grec et latin

ne parle que des anciens : il ne faut pas nous en étonner. Pour terminer, il est certain que tous nos grands
poètes ont dû leurs inspirations, non-seulement à leur
originalité propre, mais à des réminiscences, à des imitations inconscientes et quelquefois même voulues, puisque, disait l'un d'eux, il « prenait son bien partout où
il le trouvait ».

Faut-il penser avec la Bruyère que le plaisir de la critique nous ôte celui d'être vivement touchés de très belles choses ?

(16 novembre 1885)

DÉVELOPPEMENT. — Qu'est-ce que la critique? Enten-
due dans sa plus haute acception, on peut la définir,
l'effort de la réflexion se portant sur les œuvres de l'esprit pour y chercher la réalisation de l'idéal. Critiquer
une œuvre d'art, en effet, c'est la juger, c'est-à-dire pro-
noncer sur sa valeur en connaissance de cause, et rendre
compte de l'impression qu'elle a tout d'abord produite
sur notre sensibilité esthétique. Or, est-il vrai qu'en rai-
sonnant ainsi sur notre impression première, en cher-
chant le pourquoi de nos admirations, nous en détrui-
sions tout le charme, nous en perdions toute la saveur?
La Bruyère semble l'avoir pensé, puisqu'il a dit : « Le
plaisir de la critique nous ôte celui d'être vivement tou-
chés de très belles choses. »

8

Quoi ! dira-t-on, la critique, en matière d'art, serait l'ennemie du sentiment ! elle affaiblirait l'admiration ! Oui, si l'on fait consister toute l'admiration dans cet étonnement de l'âme qui l'accompagne souvent; mais si l'admiration véritable est plus et mieux que ce mouvement spontané qui nous transporte à la vue des beautés de l'art, si elle consiste non seulement à être ému, mais à savoir pourquoi l'on est ému, la critique, loin de l'affaiblir, ne peut que la rendre et plus profonde et plus vive. Sans doute, pour juger, et tel est l'objet de la critique, il faut, au moins momentanément, s'affranchir de tout enthousiasme, faire taire ses premières impressions, oublier qu'on a été tout à l'heure sous l'influence d'un charme, sauf à le subir de nouveau, s'il y a lieu ; mais lorsque l'homme de goût, après avoir réfléchi aux choses qui l'avaient fortement touché, a l'intime persuasion que s'il admire, c'est à bon escient, et qu'on ne surprend point son suffrage, quels plaisirs exquis cette admiration raisonnée, justifiée par l'examen et l'analyse n'offre-t-elle pas à son esprit délicat? Nous ne saurions donc admettre que la critique ait pour effet d'affaiblir l'émotion que les œuvres de l'art nous communiquent; car, ce serait mettre l'admiration confuse, vague, inconsciente de la foule, qui devine et sent le beau bien plutôt qu'elle ne peut le voir ou le comprendre, au-dessus de l'admiration éclairée et motivée des connaisseurs ; et si telle est l'opinion de La Bruyère, s'il croit, comme Rousseau le dira plus tard, que « dès que l'homme commence à raisonner, il cesse de sentir », nous ne pouvons que nous inscrire en faux contre l'arrêt sévère par lequel il semble condamner la critique.

Mais n'y a-t-il pas un autre sens à la pensée de La Bruyère? Et ne semble-t-il pas condamner le plaisir de la critique, plutôt que la critique elle-même? Dans ce cas, son arrêt deviendrait acceptable; car, si le plaisir qu'on éprouve à motiver ses impressions est légitime en soi, c'est un plaisir d'orgueil, et comme tel c'est un plaisir dangereux. La critique n'est qu'un moyen ; elle ne doit servir qu'à rechercher les causes de nos impressions ; or, si l'on s'abandonne avec trop de complaisance au plaisir d'une telle recherche, la critique n'est bientôt plus un moyen, elle devient un but ; le plaisir de critiquer finit par l'emporter sur le plaisir d'admirer, on raffine et on subtilise sur toutes ses impressions, et la préoccupation qu'on a de faire briller son esprit dans cette analyse ôte à l'âme le loisir de se laisser toucher.

Voilà comment le plaisir de la critique peut tarir, dans le cœur des imprudents qui le goûtent, la source de l'admiration, c'est-à-dire de la jouissance la plus pure et la plus noble que puissent nous procurer les œuvres de l'*Art*. Aussi, si c'est bien contre lui, et non contre la critique que La Bruyère a dirigé sa sentence, nous ne pouvons que la ratifier et y donner notre pleine et entière adhésion.

En résumé, la critique, en contrôlant et en motivant nos impressions, loin de restreindre l'admiration, l'agrandit et la rend plus féconde et plus durable. Donc si c'est la critique que La Bruyère accuse d'affaiblir les émotions littéraires, nous prendrons contre lui sa défense. Au contraire, s'il condamne, non pas la critique, mais le plaisir qu'on éprouve à philosopher ainsi sur ses impressions, nous conviendrons volontiers avec lui que ce plaisir a ses dangers, qu'il risque d'engendrer dans l'âme la subtilité et la prévention, et l'empêche de s'oublier elle-même dans la contemplation des belles choses.

III. — LETTRES, DISCOURS, DIALOGUES ET NARRATIONS.

Faire l'éloge du patriotisme de Démosthène

(8 août 1885)

PLAN. — Rappeler que dès l'âge de 25 ans, Démosthène embrassa la cause de l'indépendance grecque, et ne cessa jusqu'à sa mort de lutter contre la domination macédonienne. Tour à tour adversaire de Philippe et d'Alexandre, à lui seul, il les tient en échec et leur suscite de toutes parts des ennemis par sa parole ardente et inspirée ; il n'hésite pas à engager, dans cette guerre sainte, jusqu'à son honneur même, et reçoit l'or du roi de Perse pour combattre l'or de Philippe. Et quel courage, quelle indomptable ténacité ne dut-il pas déployer pour poursuivre jusqu'au bout le rôle ingrat qu'il avait assumé! Les peuples grecs divisés, le patriotisme languissant, la vénalité corrompant les vertus politiques, la disette de bons généraux, les excès d'une démocratie mal réglée, telles étaient les circonstances au milieu desquelles il tenta de soulever sa patrie contre la Macédoine. Enfin quel tranquille héroïsme dans sa mort, qui fut un suicide, il est vrai, mais qui n'en fait pas moins de lui, aux yeux de la postérité, une des plus nobles victimes du patriotisme.

Après la première guerre punique, Livius Andronicus ouvrit à Rome une école pour enseigner le grec et expliquer Homère. Vous supposerez qu'après la lecture publique de l'Iliade, un de ses disciples l'en remercie.

(6 août 1885)

PLAN. I. — Merci, maître, de m'avoir initié à la

grande poésie du divin Homère; je suis resté sous le charme pendant tout le temps qu'a duré l'explication de l'Iliade.

II. — Que de richesse, de vérité, de vie dans les peintures de ce poème, et combien la langue en est limpide, harmonieuse et naïve! J'ai vécu tour à tour de la vie de ses héros; j'étais Achille, Patrocle, Ajax, Agamemnon; je me passionnais pour les Grecs, dans la lutte sans cesse renaissante qu'ils soutenaient contre Hector et les Troyens.

III. — Que ne puis-je faire passer dans notre langue toutes les beautés que vous nous avez révélées dans cette sublime épopée; mais pour tenter une pareille entreprise, j'aurais besoin d'un modèle. Hâtez-vous donc d'achever votre odyssée latine, qui nous fera connaître cet autre chef-d'œuvre d'Homère, et nous montrera comment on peut rendre en latin toutes les beautés de son divin langage.

Faire le tableau de la séance du Sénat, tenue à Rome le 8 Novembre 63 avant Jésus-Christ, et dans laquelle Cicéron prononça la première Catilinaire.

(19 Août 1884)

PLAN. — I. — Curius ayant avisé Cicéron des projets de Catilina, le consul convoqua aussitôt les sénateurs dans le temple de Jupiter-Stator. Catilina osa se rendre à cette assemblée; mais les sénateurs, fuyant son approche, laissèrent vide la partie de l'enceinte où il avait pris place, et Cicéron, indigné de son audace, prit la parole pour dévoiler ses complots.

II. — « Il connaît ses desseins parricides, mais il saura déployer assez de vigilance pour empêcher leur èxécution. Aussi, le seul parti qui reste à Catilina, c'est de s'éloigner de Rome, et d'emmener avec lui la troupe odieuse de ses complices : le mépris des citoyens, l'aversion du Sénat, ses complots déjoués, tout l'y engage. Qu'il délivre donc de sa présence les bons citoyens, et coure se joindre aux brigands de l'armée de Mallius. »

III. — Après cette apostrophe, Catilina, avec une audacieuse hypocrisie, voulut présenter sa défense et démentir les accusations de Cicéron, mais interrompu de tous côtés par les cris « le parricide, hors la loi ! », il quitta sa feinte douceur, puis jetant le masque, sortit en proférant des menaces contre Rome, et en jurant d'éteindre sous des ruines l'incendie allumé contre lui. — La nuit suivante, il quitta Rome et se rendit en Étrurie, au camp de Mallius.

Tacite, au moment de composer ses *Annales*, écrit à un de ses amis. Il lui dit quelle est la période de l'histoire romaine qu'il se propose de raconter dans son nouvel ouvrage ; il caractérise les principaux événements de cette période, il annonce dans quel esprit il jugera les événements et les hommes.

(28 juillet 1884)

DÉVELOPPEMENT. — Tacite à son ami....... Salut.

Je médite encore un ouvrage, toujours historique, le dernier peut-être, à moins que les dieux ne me prêtent une longue vie et avec elle la force et le goût de poursuivre ces travaux ; vous vous demandez sans doute quelle période de notre histoire je vais essayer de raconter, où d'autres ne m'aient pas précédé déjà. Je vais donc, mon cher ami, vous exposer mes projets, mes réflexions à ce sujet, en vous priant de me dire sincèrement votre avis sur une si grave entreprise.

« Les prospérités et les revers de l'ancienne république ont eu d'illustres historiens ; les temps mêmes d'Auguste n'en ont pas manqué, jusqu'au moment où les progrès de l'adulation gâtèrent les plus beaux génies. L'histoire de Tibère, de Caïus, de Claude et de Néron, falsifiée par la crainte, aux jours de leur grandeur, fut écrite, après leur mort, sous l'influence de haines trop récentes. Je dirai donc peu de mots d'Auguste et de sa fin seulement. Ensuite je raconterai le règne de Tibère et les trois suivants, sans colère comme sans faveur, sentiments dont les motifs » (1) ne m'ont pas été offerts.

Ces *Annales*, comme je les appellerai, formeront avec mes *Histoires* un grand et vaste ouvrage. Bien que souvent les grammairiens emploient indifféremment les mots *Annales* et *Histoires* pour désigner les œuvres des historiens primitifs, on doit faire une distinction entre ces deux mots. A l'origine, on a appliqué le premier (comme dans les *Annales des Pontifes*) à l'exposé succinct, année par année, même jour par jour, des événements mémorables de l'histoire intérieure et extérieure. On a appelé *Histoires* un récit plus détaillé, orné de réflexions et mêlé de discours, dans lequel la chronologie n'était pas suivie et indiquée avec la même exactitude. L'usage a modifié un peu la signification de ces deux mots. De notre temps, on donne le nom d'*Annales* au récit des faits qui se sont passés avant l'époque où l'auteur a vécu. On réserve celui d'*Histoires* aux livres où il parle des événements qu'il a vus ou pu voir. D'ailleurs, l'important n'est pas de justifier ici le titre de l'ouvrage que je prépare ; je veux seulement bien marquer à l'avance

---

1. *Extrait de Tacite*, traduction Burnouf.

que je grouperai les faits dans un ordre plus philosophique que chronologique, que je m'efforcerai
d'en montrer l'enchaînement, de dévoiler leurs causes
secrètes, d'apprécier les hommes et les choses en me
préoccupant modérément de déployer dans cette œuvre
les qualités du style et les ressources de l'éloquence.

Au point de vue de la méthode, mes *Annales* ne diffé-
reront pas beaucoup de mes *Histoires* ; je combinerai
l'ordre chronologique des faits avec l'ordre philosophique
des idées, et j'exposerai des vues générales sur les événements. Cependant on remarquera dans mes *Annales*
une sobriété et une rapidité plus grandes de narration
que dans mes *Histoires*, car je serai plus maître de moi,
moins entraîné par mon sujet en traitant ces événements plus reculés.

Grâce aux dieux, je n'ai plus à parler de notre misérable époque ; tandis qu'au dehors la domination romaine est universelle, au dedans l'esclavage, cette plaie
de notre société, nous ronge lentement. Dans Rome,
règne la tyrannie, la délation, la terreur politique et
la superstition la plus extravagante. Aussi, dans une
époque aussi troublée, voyons-nous se développer l'abaissement des caractères et des esprits ; même d'honnêtes
gens, comme Burrhus et Sénèque, ont d'étranges fai-
blesses. Heureusement, au milieu de nos malheurs,
nous voyons resplendir les nobles figures d'un Thraséas, d'un Helvidius Priscus et d'autres victimes du
despotisme impérial.

S'il faut, mon cher ami, prendre parti, dans mes
écrits, pour une secte philosophique, je pencherai, je
crois, vers le stoïcisme. En matière politique, je puis
dire que je ne suis pas tout à fait républicain, bien que
ma haine contre le despotisme des Césars l'ait fait dire
sans raison. Après une servitude aussi abjecte, je crois
impossible un retour sérieux à la liberté. Au point de
vue pratique, je pense que le meilleur gouvernement

pour notre époque serait le principat. Tite-Live, qui
a eu le bonheur d'assister au règne glorieux d'Auguste, avait foi dans l'avenir : pour moi, je n'ai ni
son enthousiasme, ni sa confiance optimiste. Je
comprends mon époque et j'en souffre, car je vois
la chose publique aux mains d'un maître absolu
qui absorbe les droits et les pouvoirs du forum
comme ceux du Sénat. C'est ce qui m'a fait comprendre l'histoire comme une sorte de protestation
morale destinée à flétrir le mal et à immortaliser le
bien (1). — ADIEU.

Lettre de Rotrou à un de ses amis de Rouen pour lui raconter la première représentation du *Cid*.

(29 juillet 1884)

Monsieur,

DÉVELOPPEMENT (2). — J'ai vivement regretté de ne
vous avoir pas eu pour voisin hier, alors que l'on a joué
pour la première fois la tragi-comédie de notre ami
M. Pierre Corneille. Vous auriez assisté à la plus belle,
à la plus émouvante représentation que la scène française ait jamais enregistrée dans ses annales. Je n'exagère rien, comme vous pourrez bientôt, j'espère, vous
en convaincre ; et, si nous nous promettions beaucoup
du *Cid*, auquel travaillait notre grand tragique, notre

---

1. Nous avons largement puisé, pour ce développement, dans
l'excellent chapitre sur Tacite de l'*Hist. de la litt. latine*, de
M. de Caussade.

2. Urbain et Jamey, *Les Classiques français du Buccalauréat*,
Tome 2, p. 140.

attente est singulièrement dépassée. *La Veuve, L'Illusion comique*, qui l'avaient déjà mis au premier rang des auteurs dramatiques, ne sont que des badinages à côté de l'œuvre considérable, du chef-d'œuvre dont il vient de doter la littérature de notre pays.

Mais il faut vous dire d'abord combien l'auditoire était nombreux et imposant ; combien l'impatience était grande de voir lever le rideau, combien l'affluence était nombreuse aux alentours du théâtre et la circulation difficile dans ses abords. La salle était littéralement comble. Les premières places avaient été envahies par les magistrats ; celles qui sont d'ordinaire les moins recherchées et qu'on laisse aux pages et gens du même bord n'étaient occupées que par des personnages de haute qualité. Quant à moi, j'avais trouvé place au parterre ; et, si j'étais en état de bien voir et de bien entendre, je ne laissais pas que d'être fort incommodé par la presse qui se faisait sans cesse autour de nous. Il paraît que, faute de places, il est resté dehors presque autant de monde qu'il en était entré.

Enfin la pièce a commencé, et les applaudissements presque en même temps qu'elle. La seconde scène, entre l'*Infante* et *Léonor*, a été accueillie un peu plus froidement. Mais quand les acteurs sont arrivés à la scène de la rupture entre le comte et don Diègue, la vivacité du dialogue, cette lutte d'invectives courtes et incisives, les répliques accablantes et dignes du vieillard ont inspiré à tout l'auditoire une admiration muette ; une sorte de stupéfaction nous empêchait d'applaudir. La provocation du comte a été le moment le plus tragique de la pièce : un frémissement général a manifesté combien l'auditoire, absorbé dans l'attention qu'il prêtait, s'identifiait avec les héros qu'il avait sous les yeux. Chacun, instinctivement, semblait prêt à mettre l'épée à la main.

Le vieux don Diègue, dans un monologue admirable,

s'abandonne ensuite à son indignation et à son désespoir :

> O rage, ô désespoir, ô vieillesse ennemie !
> N'ai-je donc tant vécu que pour cette infamie ? etc.

mais il se relève soudain, il s'est rappelé qu'il a un fils, il le fait venir, et ses premiers mots sont pour lui demander :

> Rodrigue, as-tu du cœur ?

Quel moment terrible pour tous deux ! le père annonce à son fils qu'il lui faut renoncer à l'amour de Chimène et s'armer contre son père ; Rodrigue alors exhale sa douleur dans des stances pathétiques et se décide à sacrifier sa passion à son honneur, c'est-à-dire à la vengeance de l'outrage fait à son père. Après la mort du comte il se rend courageusement chez sa maîtresse pour lui parler une dernière fois. Que tous les cœurs étaient serrés, à la vue de ces deux amants dont le bonheur est à jamais perdu !

> Rodrigue, qui l'eût cru ? — Chimène, qui l'eût dit,
> Que notre heur fût si proche et si tôt se perdît !

Tels sont les premiers mots de ce douloureux entretien, où Chimène, malgré son abattement, cherche à préserver Rodrigue des extrémités où vont le pousser son désespoir. Les derniers mots sont un aveu plein de franchise et de pudeur tout à la fois qu'elle laisse échapper malgré elle :

> Sors vainqueur d'un combat dont Chimène est le prix.

Mais il faut vous parler du récit de la bataille contre les Maures, qui est une des beautés de la pièce. Rodrigue, qui vient d'y conquérir le surnom de *Cid*, fait lui-même ce récit avec une modestie et en même temps un enthousiasme qui ennoblissent encore sa victoire. Il représente les ennemis abordant au port de

Séville, joyeux, pleins de confiance, et « courant se
livrer aux mains qui les attendent. »

Mais je m'aperçois que je vais vous raconter toute la
pièce, et vous priver ainsi d'une partie du plaisir que
vous aurez à la voir jouer. J'espère que vous ne tarde-
rez pas à rendre cet hommage au génie de notre
ami et vous verrez que je n'exagère rien dans cette
lettre. Adieu, Monsieur, et croyez toujours à ma constante amitié.

Lettre de Balzac à Scudéry pour l'engager à cesser ses attaques contre le Cid de Corneille.

(17 août 1885)

Développement. — Monsieur, — Quelque opinion que
j'aie de votre compétence en matière de belles-lettres et
en particulier de poèmes dramatiques, et tout en rendant
justice à votre talent de critique, je ne puis résister à
la tentation de plaider auprès de vous la cause de Monsieur Corneille, et en même temps de vous éviter peut-
être les fâcheuses conséquences que pourrait avoir,
en fin de compte, votre excès de rigueur contre notre
grand poète. Sans doute, la querelle du *Cid* est un dé-
bat littéraire qui vaut qu'on se passionne, et qui fera
époque dans les *annales de la scène française* ; sans
doute, avoir été acteur dans cette lutte spirituelle sera
un titre de gloire auprès de la postérité ; mais, Monsieur,
permettez-moi de vous mettre en garde contre de trom-
peuses apparences : il me semble en effet que vous avez
déserté la bonne cause pour aller grossir un parti, sans
doute considérable par le nombre et par plus d'un nom
illustre, mais auquel l'avenir donnera tort.

Souffrez, pour un instant, que j'oppose quelques raisons aux vôtres : vos attaques contre le *Cid* peuvent, si je ne me trompe, se résumer ainsi; vous trouvez : « Que le sujet n'en vaut rien du tout ; qu'il choque les principales règles du poème dramatique ; qu'il manque de jugement en sa conduite ; qu'il a beaucoup de méchants vers ; que presque tout ce qu'il a de beautés sont dérobées ; et qu'ainsi l'estime qu'on en fait est injuste. Vous invoquez le bon sens, la raison, les exemples anciens et modernes, l'autorité d'Aristote, les bonnes mœurs ; vous ne trouvez dans le *Cid* que sentiments cruels et barbares, vous déclarez Chimène une impudique parricide, et Rodrigue, un brutal sans délicatesse, le Comte un fanfaron ridicule et Don Diègue un grotesque. Pour le style, vous accusez Corneille de parler français en allemand, et vous voulez lui avoir découvert des fautes de style et de versification » (1).

Certes, j'ai bien à faire si j'entreprends de réfuter ces graves et si nombreuses accusations. Mais je le dois, et à M. Corneille, pour qui je m'avoue un peu mieux disposé, et à vous, Monsieur, que je serais heureux de faire revenir d'une opinion au moins rigoureuse. Tout d'abord, je ne puis croire que vous ne trouviez aucune valeur au sujet ; il me semble, en effet, que jamais le devoir et la passion n'ont été aux prises d'une façon plus dramatique ; et, d'ailleurs, comment expliquer l'enthousiasme obstiné du public pour ce poème ? De plus, « il a les deux grandes qualités que demande Aristote aux tragédies parfaites, à savoir de fortifier et d'élever les âmes par la terreur et la pitié : une maîtresse que son devoir force à poursuivre la mort de son amant, qu'elle tremble d'obtenir, a les passions plus vives que toute autre personne dans un cas analogue, et la haute vertu, dans un naturel sensible à ces passions, qu'elle dompte sans les affaiblir, pour en triompher plus glo-

---

1. Extrait de la *Préface de l'édition Larroumet.*

rieusement, a quelque chose de plus touchant qu'une vertu moyenne, capable d'une faiblesse et même d'un crime. Je vous accorde, Monsieur, que les deux visites que Rodrigue fait à sa maîtresse choquent un peu la bienséance de la part de celle qui les souffre ; la douleur du devoir voulait qu'elle refusât de lui parler ; mais permettez-moi de dire que leur conversation est remplie de si beaux sentiments que bien des gens n'ont pas remarqué ce défaut, et que ceux qui l'ont senti l'ont toléré. Aristote, d'ailleurs, dit qu'il y a des défauts qu'il faut laisser dans un poème quand on peut espérer qu'ils seront bien reçus » (1).

« Je ne puis nier que la règle des vingt-quatre heures presse trop les incidents de cette pièce ; mais s'il est permis de se plaindre de l'incommodité de cette règle, il n'est pas permis de l'enfreindre. L'unité de lieu n'a pas moins donné de gêne à M. Corneille : tout se passe dans Séville ; mais le lieu particulier change de scène en scène ; tantôt c'est le palais du Roi, tantôt l'appartement de l'Infante, tantôt la maison de Chimène, tantôt une rue ou place publique.

Les funérailles du comte étaient encore une chose fort embarrassante, soit qu'elles se soient faites avant la fin de la pièce, soit que le corps ait demeuré en présence dans son hôtel, en attendant qu'on y donnât ordre. Le moindre mot qui en eût été dit eût rompu toute la chaleur de l'attention, et rempli l'auditeur d'une fâcheuse idée. » (2).

Quant aux *méchants vers* que vous reprochez à M. Corneille, je ne saurais pas, pour ma part, les trouver dans sa pièce ; à moins, toutefois, que l'on n'appelle *méchant vers* tout vers qui n'est pas sublime ; disons plus, y en eût-il véritablement qu'ils seraient largement

1. Extrait de la *Préface de Corneille.*
2. Extrait de la *Préface de Corneille.*

rachetés par nombre de beaux vers qui sont déjà presque proverbes et qui appartiennent en propre à M. Corneille. Aussi bien, puisque les beautés du *Cid* vous semblent toutes dérobées, examinons brièvement ce qui en
revient au modèle qui l'a inspiré, au drame espagnol de
Guillem de Castro. « Il y a un abîme entre la valeur littéraire des deux pièces, qui diffèrent entièrement par
la couleur générale, la conception, la marche de l'action,
l'expression de sentiments qui ne sont les mêmes qu'en
apparence. La pièce espagnole embrasse une durée de
six ans ; celle de M. Corneille se passe strictement en
vingt-quatre heures. Guillem de Castro change à tout
instant le lieu de la scène ; notre poète le place à Séville.
Dans le drame espagnol, les personnages secondaires
sont multipliés et détournent l'attention, tandis que les
principaux se laissent parfois oublier ; ils agissent plus
qu'ils ne pensent. Dans la tragédie française, il y a
surtout des sentiments et une action morale. »

Enfin, Monsieur, il faut conclure, car cette lettre est
plus longue que je ne l'aurais voulu : « quand vos ar-
guments seraient invincibles et que votre adversaire y
acquiescerait, il aurait toujours de quoi se consoler
glorieusement de la perte de son procès, et vous dire
que c'est quelque chose de plus d'avoir satisfait tout un
royaume que d'avoir fait une pièce régulière... Il y a
des beautés parfaites qui sont effacées par d'autres qui
ont plus d'agrément et moins de perfection... Vous
dites qu'il a ébloui les yeux du monde, et vous l'accusez
de charme et d'enchantement : je connais beaucoup de
gens qui feraient vanité d'une telle accusation ; et vous
me confesserez vous-même que, si la magie était une
chose permise, ce serait une chose excellente. Je ne
doute pas que Messieurs de l'Académie ne se trouvent
bien empêchés dans le jugement de votre procès, et que
d'un côté vos raisons ne les ébranlent, et de l'autre
l'approbation publique ne les retienne. Je serais en la

même peine, si j'étais en la même délibération, Vous
l'emportez dans le cabinet, et M. Corneille a gagné au
théâtre. Si le Cid est coupable, c'est d'un crime qui a
eu récompense; s'il est puni, ce sera après avoir triomphé » (1).

Si donc il m'est permis, Monsieur, de vous donner
un conseil, je vous engage sincèrement à cesser vos attaques contre le Cid ; croyez-moi, nombre de gens ne le
persécutent, aujourd'hui, que pour faire leur cour à
notre puissant cardinal ; le jour où son Eminence lui
aura donné son absolution, vous verrez le vide qui se
fera dans le camp ennemi !

**Richelieu mourant à Louis XIII, 1642.
On supposera que Richelieu, sur le point
de mourir, écrit à Louis XIII pour lui
conseiller de prendre Mazarin comme
premier ministre.**

(11 novembre 1884)

Développement. — Sire, — Je sens que mes forces
s'affaiblissent chaque jour davantage, et je vois bien
qu'il ne me reste plus que peu de temps à consacrer au
service de Votre Majesté. Dans quelques jours, Sire, je
comparaîtrai devant Dieu, et j'aurai à lui rendre compte
de la mission qu'il a plu à sa divine Providence de me
confier. Cette pensée remplit mon âme d'une profonde
tristesse, car je songe qu'il me faudra quitter cette vie
avant d'avoir fait pour Votre Majesté tout ce que j'avais
projeté d'accomplir dans l'intérêt de sa gloire et du
bonheur public. Mais puisqu'il plaît à Dieu de rappeler
son serviteur, je dois me soumettre à ses décrets sou-

---

(1) Extrait de la lettre même de Balzac.

verains, et n'avoir plus d'autre pensée que de me préparer avec ferveur à paraître devant lui.

Pourtant, dans ce moment suprême, je ne dois pas penser seulement à moi ; j'ai à considérer d'autres intérêts plus graves encore, ceux du prince aimé qui m'a soutenu et encouragé dans ma longue et difficile carrière, ceux de la France à qui j'ai voué, depuis tantôt vingt ans, mes forces et ma vie. Oui, j'ose le dire hautement, ce sont là surtout les intérêts qui me préoccupent aujourd'hui, comme toujours ; au seuil du tombeau, mon devoir reste le même, et mes dernières pensées auront pour objet la France et mon roi.

Je le sais, Sire, j'ai fait bien moins que vous n'attendiez de moi, peut-être, et bien moins surtout que ce que j'avais dessein d'exécuter ; je sais que la moitié de la tâche que j'avais assumée reste à accomplir, que je laisse derrière moi une situation difficile, pleine d'écueils et d'incertitudes. Le ministre que votre auguste choix désignera pour mon successeur sera aux prises avec de rudes et nombreux adversaires, et aura, je ne le dissimule pas, à lutter contre mille obstacles. Qui sera cet homme ? où trouverez-vous ce ministre prudent et ferme qu'il faut aujourd'hui à la France ? Je crois pouvoir vous l'indiquer, Sire, et je vous prie de vouloir bien prendre en considération l'éloge que j'ose vous faire de ses capacités et de ses mérites. C'est un dignitaire de notre sainte Eglise, que Votre Majesté connaît depuis plusieurs années déjà, et dont elle a pu apprécier, en maintes circonstances, les qualités exceptionnelles : homme de grand sens, d'un esprit ferme et droit, inventif, prévoyant, patient et souple dans les conjectures difficiles, mais énergique et persévérant ; homme d'action non moins qu'habile diplomate ; enfin, tout dévoué, Sire, à vos intérêts et à la grandeur de la France, sa seconde patrie ; tel est le cardinal Mazarin.

Oui, Sire, c'est là l'homme, permettez-moi de vous le

dire en toute sincérité, qu'il vous faut prendre pour
diriger votre conseil. Et je ne m'attarderai pas à vous
rappeler ici à quel titre et dans quelles circonstances cet
Italien dont le cœur est maintenant bien français, si son
langage ne l'est pas encore, est venu de Rome en
France, non plus que je ne dirai les services qu'il a déjà
rendus à Votre Majesté, les négociations qu'il a menées
à bonne fin, les traités qu'il a conclus, entr'autres celui
de Cherasco qui nous donna jadis Pignerol et la Savoie.
Sans doute, ce sont là des titres qui le désignent à votre
attention, et témoignent qu'il n'est pas indigne de la
haute dignité que je vous exhorte à lui conférer ; mais ils
ne prouvent pas que votre choix doive nécessairement
s'arrêter sur lui, et c'est ce dont je voudrais pouvoir
convaincre Votre Majesté. La raison qui vous oblige à
faire ce choix, Sire, la voici : par une confiance de vingt
années, vous m'avez témoigné que vous approuviez les
desseins que j'ai formés en vue d'accroître la grandeur
de votre nom et la prospérité de la France ; vous ne
pourriez donc, sans une coupable inconséquence, vous
résoudre, après ma mort, à les abandonner ; or j'estime
que le cardinal Mazarin est seul capable d'en poursuivre l'exécution. Que Votre Majesté considère en effet que
je me suis attaché dès longtemps celui que je recom-
mande à sa haute bienveillance, qu'un commerce de chaque jour a fait de lui le dépositaire naturel de mes projets et de mes pensées, et qu'il est, par conséquent, le
mieux préparé de tous, que dis-je, le seul préparé à recueillir ma succession. A l'intérieur, il saura contenir,
par sa juste fermeté, les rancunes mal éteintes des protestants, et les empêcher de reconstituer un parti politique ; il saura aussi, son adresse m'en est garant, maintenir dans le devoir la noblesse encore insoumise, et
plier au joug des lois sa factieuse indépendance. A l'exté-
rieur, fidèle au programme que je me suis tracé de
donner à votre nom la gloire et le prestige auxquels il a

droit, il poursuivra l'agrandissement de la France, glorieusement inauguré par la récente conquête de quatre
provinces, et l'abaissement de la maison d'Autriche,
dont l'ambitieux orgueil est une menace permanente
pour notre sécurité et pour le repos de l'Europe.

Laissez-vous donc, Sire, je vous en conjure, persuader par ces raisons, et n'hésitez pas, quand je ne serai
plus, à confier au cardinal Mazarin, la périlleuse mission de me remplacer auprès de Votre Majesté ; seul, il
s'en acquittera dignement, glorieusement. Puisque la
mort m'appelle avant l'issue de mes entreprises, laissez-
moi du moins emporter dans la tombe l'espoir qu'il achè-
vera mon œuvre commencée, et ratifiez le choix que je
vous propose. Votre gloire vous le conseille, l'intérêt du
royaume vous le prescrit ; ne rejetez pas cette dernière
prière d'un ministre qui n'a vécu que pour vous et pour
la France et qui meurt à votre service.

Vous composerez, à la manière des dialogues des morts de Fénelon, un dialogue entre Ronsard et Malherbe.

(27 octobre 1875)

Développement. — *Malherbe.* — Eh bien ! Ronsard,
êtes-vous toujours en courroux contre moi?

Ronsard. — Convenez avec moi que j'en aurais quelque sujet ; car enfin quel mal vous faisaient mes vers
pour que vous ayez pris tant de soin d'en médire
et de couvrir leur auteur de sarcasmes et de ridicule?

Malherbe. — Il est vrai qu'entraîné par l'ardeur de la
lutte, j'ai parfois usé envers vous d'une trop grande
liberté de parole; mais vous savez à quel point j'étais
passionné de mon vivant pour tout ce qui touchait au

langage et je ne pouvais me défendre d'éprouver de l'indignation, en voyant combien vous aviez sottement bouleversé la langue française.

Ronsard. — Là, tout beau ! Encore un adverbe blessant ! Ne saurions-nous causer avec calme, comme il convient à deux ombres qui habitent ce paisible séjour ?

Malherbe. — Vous avez raison ; j'ai eu tort de m'emporter, comme je faisais sur la terre, et puisque je vous ai abordé avec l'intention de faire une paix durable, je dois veiller sur la vivacité de mes expressions. Mais ne sauriez-vous me dire quel était votre dessein, en renonçant à parler français, comme vous l'avez fait, vous et vos disciples, pour parler grec et latin, au risque d'être incompris ?

Ronsard. — Je voulais ennoblir notre langue. Nos ancêtres l'avaient laissée si pauvre et si nue, qu'elle avait besoin des ornements, et pour ainsi parler, des plumes d'autrui. Aussi, de même que j'avais emprunté aux anciens, les genres qui avaient illustré leur littérature, je crus devoir leur emprunter en même temps la langue dont ils s'étaient servis pour écrire tant de chefs-d'œuvre.

Malherbe. — A merveille ! mais encore fallait-il ne pas outrer cette imitation des langues antiques, au point de tomber dans l'obscurité et le jargon. Pourquoi, par exemple, avoir refait des mots qui existaient déjà dans la langue, et vous être ingénié à dire *otieux*, *vindiquer* à la place de *oiseux* et *venger*, *paginie*, *plague*, *perféct*, *peregrin* au lieu de *page*, *plaie*, *parfait*, *pèlerin* n'étaient-ce pas là des importations puériles et non justifiées ? Et que veulent dire des expressions comme la toux *ronge-poumon*, le soleil *brûle-champs*, la guerre *verse-sang*, Bacchus *aime-pampre*, et mille autres semblables que j'ai biffées dans vos œuvres ?

Ronsard. — Oui, je sais que vous avez pris la peine

d'en rayer de votre main un exemplaire tout entier.
Mon Dieu, je ne fais pas difficulté d'avouer que j'ai cédé
sur ce point à un entraînement irrésistible, et je reconnais volontiers que je me suis trompé avec bien d'autres de ma génération. Vous savez quel enthousiasme
soulevèrent dans le monde entier les chefs-d'œuvre de
l'antiquité retrouvée : or, le temps de ma jeunesse coïncida justement avec cette époque d'admiration passionnée, et je professais un tel culte pour les langues antiques que je n'imaginais pas que notre idiome pût jamais
rivaliser avec elles ; aussi j'entrepris de transporter dans
la langue française tous les mots grecs ou latins qui me
parurent nobles, harmonieux et expressifs, et encouragé dans cette tentative par les applaudissements de
mes contemporains, je m'égarai sur la foi de leur admiration. J'ai compris, depuis lors, à quel point j'avais
fait fausse route ; le prompt discrédit où sont tombés
mes vers a su m'en instruire, et votre exemple m'a
prouvé qu'on pouvait ennoblir notre langue et la rendre
propre aux genres les plus élevés sans la refaire en entier ni la remanier sur le modèle du latin et du grec.

Malherbe. — Merci du compliment : mais que n'ai-je
pu vous le prouver plus tôt ! Quel poète vous eussiez
donné à la France, si vous aviez daigné écrire en français ! Car si jadis je vous jugeai sévèrement, je veux
aussi vous dire en retour l'admiration que j'ai toujours secrètement professée pour votre génie poétique :
la noblesse, la force, la chaleur, le sentiment, l'imagination, tous ces dons heureux qui font les grands poètes, la
nature vous les avait départis largement, et vous fûtes,
en effet, un grand poète par l'enthousiasme ; mais il
vous a manqué d'écrire dans la langue de tout le monde.

Ronsard. — Oui, je connais votre théorie sur ce point,
et je me souviens que vous disiez toujours : « allez au
Port-au-Foin, c'est là que vous apprendrez comment il
faut parler. » Mais j'ai beau être revenu, grâce à vous,

de mon aveugle dédain pour notre langue, j'avoue pourtant que je ne puis tolérer cette idée d'envoyer les poètes à l'école des crocheteurs.

Malherbe. — Mon Dieu, c'est là une boutade qu'on ne saurait prendre à la lettre, et je ne me suis servi d'une expression exagérée, qu'afin de rendre plus sensible cette grande vérité : que la langue se forme dans le peuple, et que les écrivains et les savants doivent se borner à en polir la rudesse et à en régler l'emploi sans en changer le fond. A cette seule condition on peut avoir une langue vraiment nationale, que tous puissent comprendre et qui produise des chefs-d'œuvre durables.

Ronsard. — Fort bien, je comprends maintenant votre pensée ; mais alors si la langue se forme dans le peuple, comment se fait-il que vous ayez condamné si sévèrement les emprunts que j'ai faits aux différents patois dans le but d'enrichir notre idiome ? car enfin, les patois sont bien la langue du peuple.

Malherbe. — Sans doute, les patois sont bien le langage du peuple, mais ne voyez-vous pas qu'en empruntant à tous indistinctement, vous ne saviez composer qu'une langue bigarrée, sans analogie, sans couleur et sans caractère. Pour être littéraire, une langue a besoin d'être une ; c'est pourquoi je me suis appliqué à centraliser à Paris la langue française, et, quoique Normand l'on m'a vu proscrire de la langue littéraire, les termes et les expressions du patois normand.

Ronsard. — Allons, je vois bien qu'il faut me rendre à la force de vos raisons. Aujourd'hui vous avez su me convaincre ; vous tâcherez, quelque autre jour, de me persuader. En attendant, je vais rêver à notre entretien sous les frais ombrages de ces allées fleuries.

Un vieux parlementaire au Coadjuteur de l'archevêque de Paris (cardinal de Retz) pour l'engager à ne point prendre part à la Fronde.

(5 novembre 1884)

Plan. — 1° Il vient d'apprendre le projet du Coadjuteur de prendre part à la Fronde : qu'il soit permis à sa vieille expérience de lui donner quelques conseils pour l'en détourner.

2° Quelles que soient ses opinions sur les hommes et les événements, ce n'est guère son rôle, à lui ministre de l'Eglise, de s'unir aux chefs d'une faction qui n'est qu'une opposition politique.

3° Le Coadjuteur est jeune encore : il rêve de beaux projets, réformes, améliorations... on ne veut plus se contenter de chansonner le Mazarin, on veut agir.

4° Le résultat ne sera pas ce qu'on espère. Les Frondeurs seront d'abord les magistrats, qui protesteront contre les nouveaux impôts du surintendant Particelli ; puis les ambitieux, les jeunes seigneurs turbulents, la noblesse mécontente, s'en mêleront (Prince de Conti, duc de Beaufort, duc de Longueville, duc de la Rochefoucault, Mlle de Montpensier).

5° Et puis, derrière le ministre, il y a la France ; que le Coadjuteur pense à la populace armée, menaçant la Reine régente et le roi enfant.

6° Que le Coadjuteur pense à ces considérations ; pour lui, il lui a parlé avec franchise, s'autorisant de son âge et de l'intérêt qu'il lui porte.

Madame de Sévigné écrit à Ménage, son vieux maître, pour lui raconter la première représentation d'Andromaque.

(13 août 1884)

DÉVELOPPEMENT. — Monsieur, — Que n'étiez-vous avec moi hier, où l'on a joué pour la première fois la nouvelle tragédie de Monsieur Racine, *Andromaque* ! C'est vraiment, à mon sens, un événement littéraire considérable que cette révélation d'un si beau talent chez un homme dont jusqu'à présent, pour ma part, je croyais le succès passager. Je ne veux pas dire par là que notre grand Corneille ait enfin trouvé un rival ou un successeur, quoique la voix publique le proclame ; la voix publique a souvent tort, dans ces matières délicates. Corneille est et restera inimitable ; mais tout en le reconnaissant, il faut rendre justice à Monsieur Racine et avouer qu'il vient de faire battre bien des mains et couler bien des larmes !

Mais laissez-moi vous dire d'abord combien l'annonce de cette représentation avait attiré tout ce qu'il y a d'esprits curieux et distingués à la Cour et à la ville ; l'assistance était choisie et nombreuse. Les premières places avaient été retenues longtemps d'avance ; aux plus mauvaises même, fréquentées d'ordinaire par les pages, j'ai aperçu plus d'un courtisan. Quant à nous, nous avions pu trouver un coin de loge, où nous étions juste assez à l'aise pour ne pas étouffer. On affirme qu'une foule de gens se trouvaient encore à la porte quand on a commencé, et qu'on n'a pu leur trouver aucune place.

Les applaudissements ne se sont pas fait longtemps attendre, et la première scène, entre Oreste et Pylade, a excité le plus vif enthousiasme ; mais la suite de la pièce nous réservait des beautés qu'on n'imaginait pas, et l'admiration fut générale. Les comédiens, qui faisaient merveille, ont eu une bonne part de cette admiration ; on peut dire que l'interprétation des rôles était digne de l'œuvre et de son auteur.

Il faut vous dire que l'intrigue d'Andromaque est aussi simple que forte ; vous verrez, mon cher maître, quelle profonde connaissance de l'âme il fallait avoir pour faire parler et agir la passion comme il est fait dans ce drame.

« Quatre personnages remplissent la pièce : Oreste, Hermione, Pyrrhus, Andromaque. Oreste aime Hermione, qui ne l'aime pas ; Hermione aime Pyrrhus, qui ne l'aime pas ; Pyrrhus aime Andromaque, qui ne l'aime pas. Ainsi voilà trois groupes de termes opposés qui se repoussent et s'attirent à la fois. Quel est donc le jeu du drame ? Il est tout entier dans le va-et-vient de ces deux moyens termes, tantôt se rapprochant, tantôt s'éloignant de ces deux extrêmes. Tantôt, en effet, Pyrrhus désespéré se détourne d'Andromaque et revient à Hermione qui alors abandonne Oreste ; tantôt, au contraire, l'espoir ramène Pyrrhus vers Andromaque, et Hermione, à son tour, se retourne vers Oreste, pleine de dépit et de rancune....

C'est Andromaque qui conduit la pièce ; on a souvent comparé l'âme à une balance. Rien ne rappelle mieux cette comparaison que ce qui se passe dans l'âme d'Andromaque. Deux sentiments égaux mais contraires se partagent cette âme noble, le souvenir de son époux et l'amour de son fils..... Si Andromaque veut sauver son fils, il faut qu'elle épouse Pyrrhus ; Si elle veut rester fidèle à Hector, il faut qu'elle sacrifie Astyanax..... Ce n'est pas la lutte de la passion avec elle-même ni avec le devoir, c'est la lutte de deux devoirs. Hector l'emporte-t-il, Andromaque repousse Pyrrhus, Pyrrhus revient à Hermione, qui repousse Oreste. Astyanax, au contraire, est-il vainqueur, Pyrrhus revient à Andromaque et repousse Hermione qui revient à Oreste. La noble reine trouve un moyen de concilier ses deux devoirs ; mais cette résolution suprême amène un dénouement tout autre que celui qu'elle avait rêvé. » (1)

Mais je m'aperçois que je vous parle comme si vous aviez déjà vu la pièce, et que je vous prive à l'avance, en vous prévenant ainsi, d'une partie du plaisir que vous aurez à écouter Andromaque. Il est temps de m'arrêter et de vous dire : allez, et le plus tôt sera le mieux, allez voir et applaudir, vous aussi, ce grand succès de votre temps. La vogue en est déjà si éclatante, que bien des jaloux en blémissent de dépit. Quant à moi, je suis heureuse de voir constater, même après avoir vu notre grand Corneille, qu'on peut encore passer de beaux moments au théâtre.

Lettre de La Fontaine à Olivier Patru, qui le détournait de mettre en vers les fables d'Esope.

(31 juillet 1885)

Monsieur,

DÉVELOPPEMENT. — L'avis que vous m'avez donné si obligeamment, et qui témoigne du souci que vous avez de ma réputation littéraire, si tant est que j'en aie une, m'a fait un instant hésiter dans mon projet de remettre en vers les fables d'Esope. En effet, vous êtes un des maîtres de notre éloquence, et votre désapprobation, en pareille matière, était pour moi d'un mauvais augure. Mais je ne sais pourquoi, quelque démon me pousse à

---

1. P. Janet, *Etude sur la Psychologie dans les trag. de Racine* ; extrait de la préface de l'édition d'Andromaque de M. G. Larroumet.

tenter l'aventure, et si vous voulez savoir ce qu'il peut
bien me souffler, je vais vous le dire en quelques mots.
Vous croyez, Monsieur, que le principal ornement de
ces fables est de n'en avoir aucun ; que la contrainte de
la poésie, jointe à la sévérité de notre langue, m'embar-
rassera en beaucoup d'endroits, et bannira de ces récits
là brièveté, qu'on peut appeler l'âme du conte, puisque
sans elle il ne peut que languir. Cette opinion part d'un
excellent goût. Je vous demanderai seulement d'en relâ-
cher quelque peu, et de croire que les grâces lacédémo-
niennes ne sont pas tellement ennemies des Muses françaises que l'on ne puisse souvent les faire marcher de
compagnie. D'ailleurs, c'est de tout temps et chez tous
les peuples que le Parnasse a jugé les fables de son apanage. A peine celles qu'on attribue à Esope virent le
jour que Socrate trouva à propos de les revêtir des
ornements des Muses.

Socrate n'est pas le seul qui ait considéré comme
sœurs la poésie et nos fables. Phèdre a témoigné qu'il
était de ce sentiment. Après lui, Avienus a traité le
même sujet. Enfin les modernes les ont suivis : nous
en avons des exemples non seulement chez les étrangers, mais chez nous. Voilà ce qui m'a fait persister dans
mon entreprise, et je me flatte de l'espérance que, si je
ne cours dans cette carrière avec succès, on me donnera
au moins la gloire de l'avoir ouverte. Peut-être mon travail fera-t-il naître à d'autres personnes l'envie de porter
la chose plus loin. Je choisirai seulement les meilleures
fables d'Esope, c'est-à-dire celles qui me sembleront telles : mais, outre que je pourrai me tromper dans mon
choix, il ne sera pas bien difficile de donner un autre
tour à celles-là mêmes que j'aurai choisies ; et si ce tour
est moins long, il sera sans doute plus approuvé.

Certes, on ne trouvera pas en moi l'élégance ni la
brièveté qui rendent Phèdre recommandable. Il me sera
impossible de l'imiter en cela ; en revanche, je crois que

je ferai bien d'égayer l'ouvrage plus qu'il n'a fait. Non que je le blâme d'en être resté dans ces termes; mais Quintilien dit qu'on ne saurait trop égayer les narrations (1).

Mais ce n'est pas tant la forme de mon ouvrage que je tiens à vous faire apprécier à l'avance, c'est sa matière et son utilité. L'apologue admet tous les genres; tout ce que l'esprit peut produire d'excellent y trouve place. Platon, très sévère pour Homère, puisqu'il le bannit de sa République, juge Esope digne d'y entrer avec honneur. Il trouve que ses fables doivent être la première nourriture spirituelle offerte aux enfants pour leur inspirer, dès le bas âge, l'honnêteté et la sagesse. Il vaut mieux prévenir le mal que d'avoir ensuite à y remédier, chose parfois lente et difficile; de même il faut donner à l'homme de salutaires habitudes, à l'âge où ses instincts le laissent encore indifférent; or, quel moyen plus efficace peut-on trouver pour inculquer au jeune âge ces bons principes que de lui faire lire et apprendre ces fables? Dites à un enfant que telle et telle puissance se disputaient une province, et que la guerre ayant éclaté, une tierce puissance les mit toutes deux d'accord en s'annexant le territoire convoité; dites au même enfant, par exemple, qu'un âne a été volé par deux larrons qui prétendent chacun à sa possession; et que le désaccord ayant dégénéré en combat singulier, un troisième larron saisit et emmène le baudet; lequel de ces deux récits le frappera davantage? ne trouvera-t-il pas plus d'intérêt, plus de piquant dans le dernier?

Et ce ne sont pas seulement des leçons morales que nous puisons dans les fables; nous en tirons encore d'autres connaissances; les mœurs des animaux et leurs

---

1. Cette première partie est presque entièrement tirée de la préface de La Fontaine.

instincts divers y sont dépeints avec fidélité ; il est certain que les personnes d'un âge assez avancé connaissent du reste ces éléments de l'instruction ; mais c'est surtout pour les enfants que je parle ; ils apprendront par là, sans effort, sans ennui, sans presque y penser, ce qu'il faut qu'ils sachent. Il leur faut apprendre ce que c'est qu'un lion, un renard, et pourquoi l'on compare quelquefois un homme à ce renard et à ce lion. Les fables le lui enseigneront.

Je crois donc, pour tous ces motifs, que je ferai une œuvre utile en essayant de traduire dans notre langue, en les adaptant au but que je poursuis, les fables d'Esope. J'y trouverai, pour ce qui me concerne, assez de plaisir et de délassement pour que je m'en croie payé suffisamment. — Voilà, Monsieur, les raisons que je voulais vous soumettre, dans l'espoir que vous me pardonneriez de ne pas me rendre à vos conseils.

Lettre de La Fontaine à Boileau après la lecture du IIᵉ chant de l'Art Poétique.

(19 août 1885)

PLAN. — 1° Il remercie Boileau de lui avoir envoyé son *Art Poétique;* Il goûte fort le IIᵉ chant, où se trouvent caractérisés si finement les genres poétiques qu'on est convenu d'appeler secondaires ; cependant que son ami lui permette de lui confier que cette lecture lui a causé un chagrin : il a cherché en vain l'Apologue !

2° La Fontaine n'a pas l'intention de présenter un plaidoyer *pro domo sua* : il veut seulement appeler l'attention du grand critique, et du public en même temps, sur un genre qui n'a pas encore droit de cité, bien qu'il ait pour le recommander auprès des lecteurs, des noms comme Esope, Phèdre, Pilpay ;

3° La fable n'est pas seulement une leçon enfantine; l'enveloppe en est puérile ; mais il n'en faut pas *juger sur l'apparence*, elle est susceptible d'enseignements moraux assez élevés.

<blockquote>L'apologue est un don qui vient des immortels.</blockquote>

4° De tout temps d'ailleurs l'esprit humain s'est plu à présenter sous forme allégorique ses réflexions morales : apologue des Membres et de l'Estomac dans Tite-Livre..., etc. Les divers *genres littéraires* sont-ils autre chose que des manifestations naturelles de la pensée humaine ?

5° Il réclame donc droit de cité pour l'apologue : on ne saurait mépriser les humbles leçons de morale qu'elle donne : instruire en amusant, voilà son rôle.

<blockquote>Omne tulit punctum qui miscuit utile dulci.</blockquote>

Lettre de Madame de Sévigné à Madame de Grignan au sujet du second recueil de fables que La Fontaine venait de publier (livres VII à XI).

(2 août 1884)

DÉVELOPPEMENT. — Ma chère fille, — je vous écris tout exprès pour vous exciter à lire le plus tôt possible le second recueil de fables que M. de La Fontaine vient de faire paraître; il s'est surpassé lui-même, cette fois, et je doute qu'il puisse jamais faire mieux : quel gracieux et fin morceau que celui qui ouvre le recueil par la louange de l'apologue et par de délicats hommages à l'adresse de Mme de Montespan ! Et que dire de la suite ? les sujets les plus variés, les plus heureux que notre poète ait encore rencontrés se déroulent à nos yeux sans interruption; *les Animaux malades de la peste*, satire politique et sociale, le *Coche et la Mouche*, la *Laitière et le Pot au lait*, et tant d'autres vous charmeront à ce point, j'en suis sûre, que vous voudrez les relire plusieurs fois, et que, malgré vous, vous les retiendrez presque par cœur.

Monsieur de La Fontaine fait de la fable un genre dramatique, pour ainsi dire, où tous les types de la physionomie humaine défilent devant nos yeux, égayant notre raison, et nous faisant passer du rire aux larmes. N'est-ce pas là une merveille que seul un génie aussi original pouvait trouver ? En effet, ce qui nous charme en lui tient bien moins à la matière de ses fables qu'à la façon dont il les a conçues. Quels modèles pouvait-il trouver parmi ses devanciers ? les uns ne se proposant qu'une leçon de morale, n'ont garde de songer au récit, de peindre, d'animer leur créatures ; les autres, au contraire, se préoccupant peu de la morale qu'on peut tirer de leurs fables, se bornent à un récit anecdotique, mais sec et comme résumé à plaisir ; et pourtant, du peu que monsieur de La Fontaine leur a pris, à savoir quelques sujets dont parfois le titre seul est emprunté, voyez ce qu'il a su faire ! C'est qu'il s'attache à peindre fidèlement les caractères et les mœurs, aussi bien des bêtes que des hommes, se montrant également bon naturaliste et profond philosophe.

Il prête à ses héros, à quelque degré de l'échelle animale qu'ils soient, une vie propre, qui procède à la fois des instincts et de l'espèce, puis du rang et de l'âge ; il a égard aux temps, aux lieux et aux personnes. Les animaux ont pour nous une physionomie plus frappante que celle qu'eût pu leur donner un savant. Celui-ci, en effet, nous les décrirait surtout physiquement, donnant peu de place à la psychologie de l'animal, si l'on peut ainsi parler ; notre poète, au contraire, en parle comme un ami ; on dirait qu'il a vécu au milieu d'eux, qu'il a partagé tout ce qu'ils ont éprouvé, plaisirs ou douleurs ; il en fait, non pas seulement des descriptions exactes, mais des portraits vivants.

La plus courte narration que nous fait M. de La Fontaine vaut toutes les analyses du monde. Nous la voyons cette tortue qui va « son train de sénateur » ; nous suivons des yeux avec plaisir l'hirondelle « frisant l'air et les eaux. »

Examinons quelques-uns des types de cette vivante collection : voici la grenouille présomptueuse et sotte, poltronne et hébétée ; le canard, au regard stupide ; le chat, hypocrite et rusé, toujours menaçant pour la gent trotte-menu, et qui garde toujours des dehors humbles et patelins ; le renard, fripon et courtisan ; l'ours, retiré du monde ; le singe, beau parleur et charlatan ; l'oiseau des nuits, maussade et philosophe ; le coq, vaniteux et querelleur, le lapin, imprudent quoique peureux ; le pauvre baudet enfin, le roussin d'Arcadie ou maître Aliboron, qui n'en peut mais sous l'oppression générale dont il est la victime résignée ; le loup, vagabond et émacié ; l'agneau, candide et craintif ; le bœuf, tranquille et patient ; mais on pourrait ainsi repasser dans son esprit, revoir par la pensée tous les animaux que le poète nous a montrés en quelque sorte sur la scène.

M. de La Fontaine, ma chère fille, est encore autre chose que grand fabuliste ; il ne faut pas oublier en lui le moraliste qui connaît le cœur humain. On a cherché dans son œuvre de perpétuelles allusions à la société qu'il observe et au milieu de laquelle il vit ; c'est là, si je ne me trompe, une interprétation forcée ; néanmoins, ne trouvez-vous pas, ma chère enfant, qu'une comparaison toute naturelle nous fait reconnaître, sous ses fictions, non-seulement l'homme en général, mais celui de notre siècle ? En effet, la cour, la ville, le clergé, la noblesse, le peuple, la bourgeoisie, tout passe devant nos yeux, plus ou moins déguisé, mais bien re-connaissable, et aussi finement crayonné que dans les peintures de Molière. C'est qu'il y a une vraie parenté entre ces deux grands génies ; cette facilité avec laquelle M. de La Fontaine fait d'un petit conte une véritable scène de comédie, se découvre surtout dans les dialogues où il donne la parole directement à ses héros ; il se substitue rarement à eux et ne parle guère seulement en son nom.

C'est principalement dans ce second recueil que je viens de lire, au septième livre, que se déclare cette indépendance qui fait de l'apologue tantôt un récit, tantôt un petit drame, tantôt une épigramme, ou toute autre chose, selon la fantaisie du fabuliste.

Mais voilà bien des paroles sur ce sujet ; vous voyez par là qu'il me passionne fort ; et d'ailleurs, quand je vous écris, le temps vole pour moi. Ne craignez pas de me rendre la pareille, ma chère enfant, et croyez à toute ma tendresse.

Une oraison funèbre de Bossuet, prononcée devant la Cour. Dépeindre l'assistance, le prédicateur, suivre le développement du discours ; effet produit par les principaux passages. Sous quelle influence s'est-on retiré ? On choisira pour traiter ce sujet celle que l'on voudra des Oraisons funèbres.

(14 août 1884)

DÉVELOPPEMENT (1). — L'oraison funèbre de Louis de Bourbon, prince de Condé, fut prononcée dans l'église

---

1. Urbain et Jamey, les *Classiques français du Baccalauréat*, Tome I. p. 411 sqq.

Notre-Dame de Paris, le 10 mars 1687, en présence du Roi, des princes du sang, des évêques, des compagnies souveraines, des illustrations de la noblesse et de l'armée.

Bossuet témoigne, dans son exorde, une douleur profonde du devoir qu'il est appelé à remplir envers le héros qui fut son ami, et une crainte sincère de n'atteindre pas, par ses louanges, à la hauteur qui convient à un si grand nom. Puis il exprime, sans s'attarder aux préambules inutiles, la pensée qui doit se dégager d'un événement si douloureux, et qui va le guider dans le cours de son éloge funèbre, à savoir, que là gloire humaine est bien peu si la piété n'y est jointe, que « la piété est le tout de l'homme. »

L'attention de l'auditoire est attirée d'abord sur les qualités morales du prince, que l'orateur examine successivement ; il montre son héros courageux, généreux, humain, tel qu'il fut dans toute sa carrière militaire et dans sa vie privée ; il le montre aussi profondément repentant de ses fautes dans la retraite où il passa les dernières années de sa glorieuse vie.

Bossuet nous représente le prince de Condé comme un de ces conquérants choisis par Dieu pour accomplir ses volontés, et il emprunte à la Bible les métaphores qu'il emploie pour en tracer la figure. Puis il nous fait le récit fidèle et grandiose de la première victoire du prince. Dans ce récit, Bossuet a fait un admirable mélange de détails précis et d'expressions générales et nobles ; il en fait un tableau saisissant, où respirent l'enthousiasme et l'ardeur guerrière que son sujet lui inspire. Il passe ensuite aux campagnes de Flandre et d'Allemagne et en fait un résumé qui vaut mieux que bien des descriptions détaillées. Il montre les prodiges que fait la valeur de « cet autre Macchabée » depuis Fribourg jusqu'à la prise de Philipsbourg, jusqu'à la mort de son glorieux adversaire, Mercy, qui succombe enfin à Nordlingen.

L'orateur, cependant, arrive à la partie délicate et ingrate de son sujet ; il va y montrer sa franchise aussi bien que son habileté. Sans doute, il lui coûte d'avoir à parler de « ces choses dont il voudrait pouvoir se taire éternellement, » et qu'il ne peut excuser. Mais il adoucit forcément l'expression de son jugement ; ce furent les « malheurs » du prince de Condé qui le poussèrent si loin ; d'ailleurs lui-même a reconnu et sincèrement condamné ses erreurs, il a fait l'impossible pour les réparer et le grand roi lui a pardonné. Sa mémoire reste donc pure et glorieuse, et Bossuet le compare aux saints pénitents qui ont mérité et obtenu la divine miséricorde.

Il passe ensuite à l'examen des qualités de l'esprit chez le prince de Condé, à son génie militaire, à son activité prodigieuse, qui se multipliait, à son heureuse audace qui égalait son sang froid dans les dangers de la guerre ; il est amené à décrire la journée de Senef, le combat de la Porte Saint-Antoine, la victoire de Lens et termine ce long et magnifique récit par un parallèle entre Turenne et Condé, où il laisse voir ses préférences sans manquer en rien à l'impartialité la plus stricte.

Mais cette gloire, Dieu la donne même à ses ennemis ; sans la piété, elle serait condamnée au néant. Bossuet tire alors un enseignement des derniers moments de son héros qui se montra prêt à mourir, « sans que la mort lui parût plus affreuse que lorsqu'elle se présentait au milieu du feu. »

Le morceau qui dut le plus exciter l'émotion de l'auditoire, est la péroraison incomparable qui termine cette oraison funèbre. L'orateur invite « les peuples, les princes, les seigneurs à venir voir le peu qui nous reste » du grand capitaine ; mais il offre à ceux qui le pleurent la consolation de penser comme lui que le héros jouit de l'immortalité bienheureuse, plus triomphant qu'à Fribourg et à Rocroy.

Lettre de Colbert à Racine pour lui conférer, de la part de Louis XIV, le brevet d'historiographe du roi [1677]

(4 août 1885)

PLAN. — Sentiments que Colbert éprouve en faisant part à Racine de cette flatteuse nouvelle.

Il lui exprimera ses regrets de penser que le plus grand poète dramatique de l'époque va désormais donner tout son temps à ses délicates et nouvelles fonctions.

Mais quels que soient les ouvrages de Racine, poésie ou prose, tragédie ou histoire, il est convaincu qu'ils seront faits avec le même génie.

Il s'offre, dans la mesure où il le pourra, à lui rendre, dans l'accomplissement de cette tâche, tous les services que sa situation politique le met à même de fournir.

Mais comment la moindre difficulté ne serait-elle pas aplanie pour Racine, honoré qu'il est de la confiance et de l'amitié du roi?

Il se promet une bien douce consolation à ses pénibles travaux de ces annales du grand siècle rédigées par un grand homme, à qui tous les grands historiens de l'antiquité sont familiers et ont fourni déjà d'immortelles créations.

Il terminera en se permettant quelques réflexions sur la délicatesse qu'il y a à écrire l'histoire du vivant de son héros, et en exprimant l'assurance que Racine triomphera de la difficulté.

Quant aux qualités littéraires et morales qui conviennent à l'historien, Colbert sait de reste qu'elles ne feront jamais défaut à Racine.

Lettre de Bossuet à la Bruyère pour l'engager à accepter les fonctions de précepteur du petit-fils du grand Condé et lui montrer les avantages qu'il peut retirer de ce poste pour observer les mœurs de la cour.

(7 novembre 1885)

PLAN. — Bossuet éprouve un vif désir de tirer de sa situation précaire le brillant écrivain et de lui assurer une existence exempte des pénibles nécessités et des soucis qui étouffent le génie ou l'empêchent de se produire.

Il ne peut mieux lui proposer que les fonctions de précepteur dans la maison du grand Condé, qu'il connaît assez pour lui recommander La Bruyère.

Le talent de moraliste qu'il possède ne pourra nulle part s'exercer plus facilement qu'au milieu de cette cour princière, où il observera à loisir les mœurs de la haute société.

A cet avantage s'ajoute celui de la sécurité qui lui offre, contre les périls de son sujet, un asile et un patronage glorieux.

Enfin, les plus vifs encouragements lui seront certainement donnés par les Condés, chez lesquels le goût des lettres et de l'esprit est de tradition.

Lettre de l'acteur Lagrange à La Fontaine pour lui apprendre la mort de Molière.

(12 novembre 1884)

DÉVELOPPEMENT. — Monsieur, — il faut que le devoir impérieux de vous transmettre une triste nouvelle soit

10

plus fort que ma douleur pour que je puisse vous adresser ces lignes : notre cher Molière est mort, et ce malheur aussi cruel qu'inattendu nous prive tous d'un ami
vénéré et beaucoup d'entre nous d'un bienfaiteur et d'un
père. Sa perte est un deuil pour tout le monde ; mais vous
êtes, Monsieur, un de ceux qu'elle frappe le plus cruel-
lement, vous si longtemps et si étroitement uni à Molière par une vive et solide amitié, vous qui étiez si bien
fait pour apprécier son extraordinaire génie et son admirable caractère. Aussi ne viens-je pas entreprendre,
en vous communiquant cette nouvelle lamentable, de
vous consoler par de vaines paroles, quand je ne puis
moi-même que demeurer accablé sous ce coup imprévu.
N'espérons de soulagement à notre douleur que du temps
qui adoucit les plus cuisants chagrins ; toutefois nous
devons considérer, dès aujourd'hui, qu'une gloire immortelle va couronner la vie si laborieuse et si pénible
de notre pauvre ami.

En effet, quelle gloire peut-on comparer à la sienne ?
Quand il fit paraître sur la scène ses premières pièces,
quels modèles trouva-t-il ? aucune comédie faite selon
les règles, aucun goût, les vraies beautés du théâtre mé-
connues ; les spectateurs encourageant encore par leurs
applaudissements complaisants l'ignorance des auteurs ;
des sujets malheureux ou invraisemblables ; la peinture
des caractères négligée ou faussée ; le style aussi mauvais que l'action ; les pointes les plus misérables, les
traits d'esprit les plus pauvres accueillis avec faveur ;
en un mot, les règles de l'art remplacées par une fantaisie de mauvais aloi. Dans cet état primitif et humble
de la comédie parmi nous, notre illustre ami, après
avoir quelque temps végété, méconnu et jalousé, après
avoir lutté, j'aime à le dire, contre des difficultés de
toute nature, parut enfin et fit une révolution salutaire
dans les destinées du théâtre. Plein d'admiration
pour l'antiquité, doué d'ailleurs d'un génie merveilleux,

il fit régner avant tout sur la scène la raison qui en avait été si longtemps bannie; mais il sut la parer de tous les ornements dont notre langue est capable, usa du merveilleux avec sobriété et ne lui sacrifia jamais la vraisemblance. Aussitôt se forma contre lui une coalition de tout ce qu'il avait d'envieux et d'ennemis acharnés; abandonnant toute lutte, qui eût été inutile, ils eurent recours à la mauvaise foi, et, critiques impuissants, firent une guerre sourde aux chefs-d'œuvre dont ils étaient incapables.

La scène retentit encore des acclamations que soulevèrent ses nombreuses comédies, représentées depuis sur tant de théâtres, traduites en tant de langues, et qui restent gravées dans toutes les mémoires. Et, non content d'avoir fondé chez nous la comédie, Molière s'est encore montré acteur de génie en interprétant lui-même tous les rôles difficiles de ses pièces.

Mais souffrez, Monsieur, puisque je vous parle de ce grand homme, que je me laisse aller à évoquer quelques souvenirs que vous serez heureux de joindre aux vôtres. s'ils vous apprennent du nouveau sur l'illustre défunt. Un jour le roi demanda à M. Despréaux quel était l'écrivain le plus remarquable de son règne; le choix pouvait sembler difficile; le satirique n'hésita pas et nomma Molière. Le roi en témoigna quelque surprise, ce qui peut s'expliquer par son goût pour les beautés sublimes de M. Corneille et la perfection de M. Racine; mais notre grand critique pensait à sa fécondité merveilleuse et au naturel si vivant de ses peintures, et je pense que vous serez d'avis comme moi que son jugement sera celui de la postérité.

Molière a porté la perfection de la comédie aussi loin qu'il était possible. Ses personnages intéresseront toujours, car il ne sont pas seulement l'image de la société au sein de laquelle vivait leur auteur, ils nous représentent l'humanité de tous les pays et de tous les temps.

Les leçons qu'il nous a données ne concernent pas exclusivement la conduite de la vie, elles ont souvent trait à des questions littéraires. Il a imité la nature sans s'y attacher servilement; il a été créateur autant que peintre. Le comique, dans *Molière*, jaillit du contraste des caractères, des situations, des choses et non des mots. Son style original et coloré prend aisément tous les tons, s'adapte à tous les caractères. Observateur profond, écrivain plein de verve, de bon sens et de naturel, il a atteint la perfection dans son art, et la gloire sans l'avoir cherchée. J'avais besoin de soulager mon cœur par ces réflexions, que j'ai étendues plus que je ne l'aurais cru. Il ne me reste plus qu'à conserver la mémoire de celui que j'ai tant aimé et qui n'est plus, et à déplorer encore avec vous, Monsieur, la perte irréparable d'un homme qui, par son génie et ses vertus, suffit à immortaliser notre siècle et à glorifier notre pays.

Je vous prie de me croire, Monsieur, votre humble serviteur.

Corneille, vieilli et négligé par la cour, avait été rayé une année de la liste des pensions. Il y fut rétabli sur les instances de Boileau. Celui-ci écrit à Colbert qu'il serait confus d'avoir part aux bienfaits du roi, tandis qu'un homme comme Corneille serait laissé dans l'abandon et la misère. Composer la lettre de Boileau à Colbert.

(13 novembre 1884)

PLAN. — Il vient se plaindre au ministre, non pour lui, mais pour un homme qui vaut mieux que lui : Corneille, l'auteur du *Cid*, d'*Horace*, de *Nicomède*, vient d'être rayé de la liste des pensions. C'est là une indigne manœuvre des ennemis et des envieux de Corneille, ignorée assurément du roi et du ministre.

2. Il sait que Corneille est vieilli ; ses admirateurs sont de plus en plus rares, et la faveur le délaisse pour se porter sur un jeune rival dans toute la force du talent. Est-ce une raison pour que la cour le néglige avec le public, et oublie sa gloire passée ?

3. Il ne s'agit pas de venir en aide à la médiocrité de la fortune de Corneille, c'est une misère à secourir. Corneille seul aurait assez de sa gloire, et se contenterait de pain ; il n'en a même pas pour sa famille, et pressé par le besoin, il a dû vendre sa charge d'Avocat du roi à la table de marbre de Rouen et celle de Premier Avocat à l'amirauté de Rouen, sinécures honorifiques que lui a léguées son père ; il n'a pu établir une de ses filles, et a dû la faire entrer en religion ; enfin il vient de vendre la maison où il est né. Voilà où en est Corneille.

4. La France ne doit pas rester indifférente à la misère du grand poète, elle doit pourvoir à l'éducation et à l'avenir de ses enfants. La famille de Corneille lui est sacrée: c'est dans ce sanctuaire de pure et austère vertu que s'élaborent les grandes pensées exprimées sur la scène par ses héros.

5. Boileau sait que l'Etat est obéré ; les longues guerres ont épuisé les finances ; mais Corneille n'est pas un rentier ordinaire. Pour l'honneur des lettres, pour la gloire du Roi, de son ministre, de la France, que sa pension lui soit rendue.

6. Boileau ne consentira jamais à continuer de toucher sa pension si Corneille est privé de la sienne. Si la France est trop pauvre, il sera heureux d'abandonner sa pension au grand poète, dont la mémoire sera éternellement un honneur national.

10.

Rollin félicite Racine d'avoir, à l'exemple des anciens, introduit des chœurs dans ses dernières tragédies.

(9 août 1884)

PLAN. — Dans *Esther* et *Athalie*, vous avez fait revivre sur la scène française, la tragédie antique. Si cette heureuse idée de mêler le *chœur* et le *chant* avec l'*action,* vous fût venue plus tôt, vous l'eussiez appliquée à vos pièces profanes, et notre tragédie n'aurait rien à envier à celle des anciens.

Quelques essais informes avaient été faits dans cette voie, au siècle dernier, témoins les chœurs qu'on trouve dans l'*Aman* de Montchrestien; mais c'est à vous qu'il appartenait de remettre le chœur antique en honneur parmi nous, et de lui rendre la place qu'il doit occuper dans le drame, conformément au précepte d'Horace : « *Actoris partes chorus officiumque virile defendat.* »

Puisse la tradition de Sophocle, que votre heureux génie a retrouvée du premier coup, ne pas périr désormais parmi nos descendants et fournir aux poètes qui vous suivront dans la carrière tragique, une longue succession de chefs-d'œuvre.

Lettre de Vauban à Louis XIV pour lui conseiller de ne pas révoquer l'édit de Nantes.

(14 novembre 1884)

PLAN. — Il s'excusera de la liberté qu'il prend de donner des conseils au grand roi après en avoir tant reçu de lui. Mais il se ferait un vrai scrupule de ne pas faire part à son souverain de son opinion touchant un acte qui intéresse au plus haut point la gloire de Louis XIV.

Les protestants, depuis cinquante ans, ont toujours compté parmi les plus fidèles sujets du roi.

Ils servent en grand nombre dans les armées de terre et de mer.

Ils se livrent au commerce et à l'industrie, et il est à craindre qu'en s'exilant ils n'enrichissent l'étranger aux dépens de la France.

Que de noms glorieux la noblesse verrait passer la frontière !

Henri IV a fait bénir sa mémoire par sa tolérance ; Louis XIV mettra le comble à sa gloire en respectant la liberté de conscience, proclamée par l'édit de Nantes.

Lettre de Dacier à Fénelon pour le remercier de sa lettre à l'Académie.

(7 novembre 1884)

DÉVELOPPEMENT. — Monseigneur, -- Lorsque j'eus l'honneur de vous écrire pour vous faire part de l'invitation faite par l'Académie française à chacun de ses membres de lui signaler les occupations qu'il jugeait les plus propres au caractère de la compagnie, je craignais un peu, je dois vous l'avouer, que cette invitation restât sans effet, de votre part. Je me figurais avec peine un prélat aussi soucieux des affaires de son archevêché et aussi désintéressé de toute gloire mondaine, prenant la plume pour tracer un plan d'occupations auxquelles il ne pourrait peut-être que s'intéresser platoniquement. Quelle a été ma surprise et ma joie, vous le concevez, Monseigneur, quand j'ai reçu l'écrit si remarquable, si judicieux, si plein de connaissances et de réflexions fécondes, que vous venez de consacrer à la question toute

profane qui vous était soumise. Qu'il est loin de ressembler à un projet sommaire, à un simple mémoire ! C'est
tout un ouvrage, et non un des moindres que vous ayez
composés, Monseigneur, non-seulement pour sa valeur
absolue, mais pour les services qu'il va rendre à l'Académie et à la littérature française.

Vous pensez bien que je n'ai pas longtemps gardé
pour moi seul le charme d'une pareille lecture et que
j'ai rassemblé nos confrères tout exprès pour leur faire
part de l'envoi dont j'étais l'heureux dépositaire. Il faut
vous dire, Monseigneur, que vous avez procuré là à
l'Académie une séance qui restera dans la mémoire de
tous ceux qui s'y trouvèrent ; l'intérêt que chacun a témoigné tout d'abord est devenu un véritable enthousiasme, quand la suite de votre discours s'est déroulée
avec tous ses ornements et ses fécondes réflexions.
L'Académie m'a chargé de vous exprimer toute sa reconnaissance et son admiration, Monseigneur, et c'est
avec une joie inexprimable que je m'acquitte de ma mission ; qu'il me soit donc permis de vous parler avec
quelque détail de votre beau mémoire.

Tout d'abord, on n'en saurait trop louer la disposition : vos divers projets sont classés suivant un ordre
d'importance et de difficulté. Le projet d'achever le Dic-
tionnaire vient en premier, comme une question résolue
en principe sur laquelle on revient pour en presser l'exécution ; puis, vous nous invitez à faire une grammaire
française pour fixer, sinon pour toujours, ce qui serait
téméraire, du moins pour notre époque, les lois du langage ; vous exprimez ensuite vos légitimes regrets de
l'appauvrissement de notre langue, et vous proposez
d'ingénieux et sûrs moyens de lui rendre sa richesse.
Le chapitre qui traite de la rhétorique est écrit de main
de maître ; combien l'exemple est joint au précepte dans
toute cette partie où vous exposez les conditions de la
vraie éloquence ! Vous abordez la poésie pour traiter

une grave et délicate question, celle de la rime ; vous
faites avec raison le procès de notre versification si mo-
notone ; mais là où je vous suis avec délices, c'est dans
ce développement de vues personnelles sur la tragédie
et la comédie. Et ce n'est pas tout, vous ne laissez de
côté aucun genre ; le genre historique est défini et étudié par vous, Monseigneur, d'une façon originale et profonde. Vous terminez cette longue et capricieuse excur-
sion à travers la littérature ancienne et moderne par
un jugement magistral sur la question, si controversée,
qui divise encore notre compagnie en deux camps, la
querelle des Anciens et des Modernes ; votre autorité,
dans ce jugement, n'a d'égale que votre modération.
Partout d'ailleurs, dans votre ouvrage, on remarque un
goût sûr, une critique fine et profonde, une science que
votre modestie cherche vainement à dissimuler.

Ai-je besoin de vous dire, Monseigneur, que vos projets ont été approuvés à l'unanimité ? Comme vous pou-
vez bien penser, l'exécution ne s'en fera pas longtemps
attendre, car l'Académie tiendra à honneur de ne pas s'en
tenir à une vaine adhésion et de montrer combien elle
sent l'utilité et l'opportunité des réformes que vous si-
gnalez à son intention.

Si vous seul avez eu la gloire de les concevoir et de
les formuler d'une manière remarquable, notre compagnie ne cédera à personne celle de les réaliser. Peut-être
pourtant suis-je trop affirmatif en croyant que mon sentiment à ce sujet est exactement celui de tous nos confrères ; il se peut faire, par extraordinaire, que leur zèle,
leur activité surtout se refroidisse ; quoi qu'il arrive,
votre *lettre* (puisque tel est le mot plus que modeste que
vous avez employé), n'en sera pas moins à tout jamais un
monument de notre langue aussi bien pour la forme que
pour la matière, qui est un modèle de bon goût, de critique, et d'érudition littéraire. Ce ne sera pas là le moins
admiré de vos ouvrages. Car il ne faut pas que ce beau

travail reste manuscrit et privé de lecteurs. L'Académie vous prie donc d'en autoriser la publication, dans l'intérêt de votre gloire, de la sienne, et du progrès des belles-lettres. Ce sera imposer à votre excessive modestie un léger sacrifice.

Je vous transmets donc cette demande avec confiance, en vous renouvelant, Monseigneur, les remerciements du corps académique, auxquels je joins mes hommages les plus respectueux.

Lettre du marquis d'Argenson à Voltaire pour lui raconter la bataille de Fontenoy [11 mai 1745].

(10 novembre 1884)

DÉVELOPPEMENT.— Monsieur. Voilà un bel emploi pour la plume de l'historiographe de France, et vous allez inaugurer votre nouvelle charge par le récit d'une victoire. Il y a trois cents ans que les rois de France n'ont rien fait de si glorieux ; je suis fou de joie et ne veux point tarder à vous en donner la nouvelle.

Vous savez que nos troupes avaient investi Tournai, cette ancienne capitale de la domination française dans les Flandres ; mais ses murs et sa citadelle, qui sont un des chefs-d'œuvre de Vauban, rendaient toute attaque inutile. Cependant la valeur de nos soldats et le génie militaire de M. le comte de Saxe auraient triomphé de la résistance des assiégés, si les états généraux des sept provinces n'avaient pris une résolution hardie. Ils envoyèrent contre nous, pour débloquer la ville, une armée de 55,000 hommes, composée en majeure partie d'Anglais, que commandait le jeune et ardent duc de Cumberland, l'un des vainqueurs de Dettingen ; on y comptait aussi des Hollandais, sous les ordres de Valdeck, et une poignée d'Autrichiens, ayant à sa tête le vieux général Kœnigsek, l'adversaire des Turcs en Hongrie, que nous eûmes à combattre en Italie et en Allemagne. Il fallait livrer bataille, et c'est à quoi se résolut notre vaillant maréchal, tout malade et presque mourant qu'il fût. Notre armée prit position à 7 kilom. S. E. de Tournai, la droite à Authoin, le centre à Fontenoy, la gauche au bois de Barri ; dix-huit mille hommes maintinrent le siège devant Tournai, et six mille gardèrent les ponts sur l'Escaut pour assurer nos communications.

Le matin de l'action, 11 mai, Sa Majesté s'éveilla avant tous : sa présence et celle du dauphin enthousiasmaient nos troupes. A six heures, le feu commença, les deux villages et le bois étaient garnis de cent pièces de canon, et le terrain si resserré qu'on allait combattre en champ clos.

Après une canonnade dont l'infortuné duc de Grammont, neveu de Monsieur le maréchal de Noailles, fut dans nos rangs la première victime, l'action s'engagea. Trois fois les Anglais assaillirent Fontenoy, trois fois ils furent repoussés ; de leur côté, les Hollandais voulurent à deux reprises emporter Authoin, mais, à la seconde attaque, ils furent si furieusement décimés que dès lors ils ne reparurent plus. L'attaque étant manquée sur ces deux points, une manœuvre plus hardie fut tentée par le duc de Cumberland, du côté du bois de Barri, mais elle échoua par la désobéissance du major-général Ingolsby, qui n'osa pas l'exécuter.

C'est alors que le duc de Cumberland résolut de percer le centre de notre ligne et de passer entre Fontenoy et la redoute du bois en essuyant leurs feux. Sous ses ordres, Anglais et Hanovriens, massés sur trois lignes, s'avancent stoïquement, précédés de six pièces de canon et en ayant six autres au milieu d'eux. Des rangs entiers tombaient foudroyés par nos redoutes ; ils étaient aussitôt remplacés, et leurs canons, qu'ils amenaient à bras, répondaient à notre artillerie. A cinquante pas de notre front de bataille, les officiers anglais saluèrent ; les nôtres leur rendirent leur salut. « Messieurs des gardes françaises, tirez ! » cria milord Charles Hay. Le comte d'Auteroche répondit : « Messieurs, nous ne tirons jamais les premiers ; tirez vous-mêmes. » Aussitôt les Anglais firent un feu roulant qui coucha par terre vingt-trois officiers et trois cent quatre-vingts soldats. Notre ligne, plus claire et sans profondeur, ne riposta que par une faible décharge, et, n'étant pas soutenue, voyant son premier rang renversé, elle se débanda. Les Anglais avancèrent à pas lents, comme faisant l'exercice, et débordèrent bientôt Fontenoy. Le maréchal était en proie à la plus vive anxiété : traîné dans une voiture d'osier, car il était trop faible pour se tenir à cheval, il parcourait le champ de bataille, montrant qu'une âme guerrière est toujours maîtresse du corps qu'elle anime. Dix régiments, lancés successivement sur cette masse épaisse, inébranlable, sont repoussés malgré la valeur du duc de Biron, de M. de Luttaux, du prince de Craon et de tant d'autres, qui furent tués ou blessés ; aucune attaque ne se fit avec concert, et ni l'infanterie, ni la cavalerie, qui chargea sous d'Estrées, ne put entamer la colonne anglaise, qui faisait face de tout côté. Il y eut un moment où le roi, qui n'avait pas voulu quitter son poste, malgré les instances du maréchal de Saxe, fut séparé du dauphin par des fuyards qui mirent le désordre dans son escorte.

La bataille était compromise : aussi le maréchal de Saxe de peur que les Hollandais passant entre Fontenoy et Authoin, ne vinssent donner la main aux Anglais et nous couper la retraite, fit donner l'ordre au comte de la Mark d'évacuer Authoin, et de se replier vers le pont de Calonne par où le roi et son fils devaient se retirer, en cas de malheur. Pourtant les Anglais, étonnés d'être isolés au milieu de nos troupes, arrêtaient leur marche en avant ; ils avaient subi des pertes, mais gardaient leur fière ordonnance. Tout à coup le duc de Richelieu, qui servait comme aide de camp du roi, tout hors d'haleine, l'épée au poing, arrive au conseil qu'on tenait auprès de sa Majesté. « Quelle nouvelle apportez-vous, lui dit le maréchal de Noailles? quel est votre avis? — Ma nouvelle, dit le duc de Richelieu, est que la bataille est gagnée si on le veut, et mon avis est qu'il faut foudroyer cette masse avec du canon, puis l'attaquer de flanc, en tombant sur elle comme des fourrageurs.» Le roi se range à cet avis, et aussitôt tout est mis en œuvre pour mitrailler le front des ennemis : le maréchal se rend de bonne grâce, fait rentrer dans Authoin le régiment de Piémont, et ordonne une attaque générale sur les flancs. En un clin d'œil, la colonne anglaise pliant sous l'effort et décimée par cette pluie de fer et de mitraille, s'ouvre, s'ébranle, et se replie précipitamment, quoiqu'en bon ordre. Le roi qui allait de régiment en régiment, était accueilli par les cris enthousiastes de « Victoire » et de « Vive le roi » les officiers s'embrassaient; c'était une joie indescriptible. Sa Majesté a dit au duc de Richelieu : « Je n'oublierai jamais le service important que vous m'avez rendu. » Quant au maréchal, le vrai vainqueur de cette grande journée, qui coûta 12000 hommes aux alliés, et à nous 7000, il a dit au roi, en embrassant ses genoux : « Sire, j'ai assez vécu, je ne souhaitais de vivre aujourd'hui que pour voir Votre Majesté victorieuse. »

Puisse Dieu nous le conserver, Monsieur, pour remporter encore d'autres victoires, que votre plume éloquente saura dignement raconter à la postérité.

Lettre du maire de Rouen au doyen de la Comédie française, pour inviter la Compagnie à assister aux fêtes du bi-centenaire de Pierre Corneille, et la prier de vouloir bien donner une représentation en l'honneur de cette solennité.

(4 novembre 1884)

PLAN. — La ville natale du grand Corneille se prépare à fêter le deuxième centenaire de sa naissance. Que la Compagnie du Théâtre français vienne rehausser l'éclat de cette solennité par une représentation en l'honneur de celui qui créa en France l'art dramatique ; par cet hommage public rendu à Corneille, la Comédie-Française acquittera une dette de reconnaissance et remplira un devoir de patriotisme.

Elle acquittera une dette de reconnaissance : car c'est aux tragédies de Pierre Corneille que la « maison de Molière » fut surtout redevable de sa naissante renommée, et, de plus, elle doit avoir hérité de l'admiration de son fondateur pour Corneille, auquel il croyait devoir sa langue et ses chefs-d'œuvre. « Sans le *Menteur*, disait-il, j'aurais sans doute fait quelques pièces d'intrigues, mais peut-être n'aurais-je jamais fait le *Misanthrope*. »

Elle remplira un devoir de patriotisme : car le Théâtre Français doit avoir souci, plus que tout autre, de la grandeur intellectuelle et morale de la France ; or l'admiration pour Corneille et la sublimité de son mâle génie est une des forces morales de notre pays, et la Compagnie se doit à elle-même d'entretenir, par son exemple, dans l'esprit public, ce culte pour la mémoire du grand poète qui, selon la belle expression de Voltaire, « a établi parmi nous une école de grandeur d'âme. »

Accourez donc à cette fête toute française, et venez offrir à l'un des plus beaux génies de la France, trop délaissé pour les auteurs contemporains, un témoignage public et solennel de patriotique admiration.

TABLE DES MATIÈRES

II. — Dissertations littéraires. — Analyses.

III. — Lettres, Discours, Dialogues et Narrations.

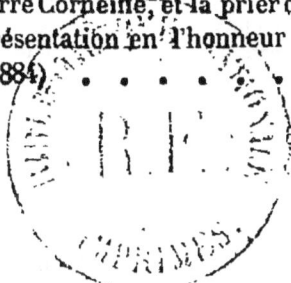

Imprimerie de l'Ouest, A. NÉZAN, Mayenne.

OUVRAGES POUR LA RHÉTORIQUE
COMPOSITION FRANÇAISE

MOHLER. — Le Discours français. Conseils sur les règles à observer, avec des exemples et les plans des compositions données aux examens de Saint-Cyr de 1864 à 1885, 1 vol. in-8° . . . . 2 »

BÉRAUD et CARLE. Compositions de Littérature et d'Histoire données à la Sorbonne et dans les Facultés des départements, recueillies et classées par MM. BÉRAUD et H. CARLE, in-12. 1 25

J. CONDAMIN, docteur ès lettres. La Composition française du Baccalauréat. Conseils et tableaux synoptiques pour traiter les principaux sujets proposés depuis 1881 dans toutes les Facultés, 3e édition, 1 fort vol. in-8°, de 604 pages . . . . . . 6 »

VERSIONS LATINES DONNÉES A LA SORBONNE
POUR LE BACCALAURÉAT ÈS LETTRES

MARAIS et DERELY. Recueil des compositions données pendant dix sessions d'examens avant 1872, contenant environ 150 textes de Versions latines, 1 vol. in-12. . . . . 1 »

DERELY. Recueil de toutes les Versions latines données de 1872 à 1875. Textes, in-12 . . . . 1 50

BÉRAUD et GUYOT. Recueil de toutes les Versions latines données de 1875 à 1878. Textes, 1 vol. in-12 . . . . . 1 50

Les traductions de ces trois recueils sont entièrement épuisées.

Les Versions données depuis 1878 se trouvent avec leurs traductions dans les feuilles publiées à chaque session du Baccalauréat.

Les prix de vente (excepté pour quelques sessions entièrement épuisées), sont :

Pour chaque session d'Avril (jusqu'en 1880) . . . . . 1 »
    — de Juillet ou de Novembre, voir page 2 de la couverture.

RECUEIL de toutes les Versions latines données en 1883 et 1884, pour lesquelles les candidats n'ont pu faire usage que des lexiques autorisés.

Textes, 1 vol. in-12. . 1 50 | Traductions, 1 v. in-12 . 1 50

Les lexiques latin-français remplaçant, depuis la session de juillet-août 1883, les gros dictionnaires employés auparavant, ont amené de profondes modifications dans l'épreuve de la version latine. L'étendue des textes a été diminuée, et leur choix a nécessité un soin tout particulier. Aussi cet ouvrage, le seul qui indique exactement la mesure des difficultés de la traduction latine depuis la mise en vigueur du programme de 1880, doit-il rendre de réels services aux maîtres et aux élèves soucieux de leur succès. Les épreuves ont été soigneusement révisées d'après l'édition Lemaire ; l'orthographe est conforme à celle des feuilles autographiées que la Sorbonne remet aux candidats.

Les traductions sont signées de noms qui font autorité dans le monde littéraire : Burnouf, Croiset, Crouslé, Deltour, Gaucher, Gréard, Le Clerc, Legouëz, Patin, Pessonneaux, Talbot, etc.

RECUEILS DIVERS :

Nous mettons en vente, aux prix réduits ci-dessous, des *recueils* destinés à être mis entre les mains des élèves comme TEXTES de *versions* à traduire, afin d'éviter à MM. les professeurs la dictée du devoir. Ce sont des cahiers formés à l'aide de feuilles autographiées extraites du *Journal des Examens du Baccalauréat ès Lettres* à la Sorbonne. Ils comprennent en outre des sujets de discours. Leur disposition permet de détacher les traductions, et de ne conserver que les textes seuls pour le travail des élèves.

eil de 25 versions. — Textes et traductions. . . . . 0 '
—	50	—	—	. . . .	1 :
—	75	—	—	. . . .	2 :
—	100	—	—	. . . .	2 :

URBAIN, licencié ès Lettres. Nouveau choix de versions latine
annotées à l'usage des classes supérieures, suivi de Remarqu
sur la grammaire latine, 1 vol. in-12, de 232 pages. . . 2 '

On vend séparément :

URBAIN. Remarques sur la grammaire latine et lexique des prin
cipales locutions latines, 1 vol. in-12 de 72 pages . . . » 7

LANGUES VIVANTES

Thèmes anglais et allemands dictés aux examens du Baccalau
réat ès Lettres à la Sorbonne depuis 1881. — Les textes de ce
thèmes et leurs traductions en anglais et en allemand se trouven
dans les feuilles lithographiées publiées pendant chaque session
On peut se procurer les sessions complètes, sauf celles de Juille
1881 et 1882, qui sont épuisées, aux prix indiqués page 2 de la cou
verture.

LECLAIR. Grammaire méthodique de la langue anglaise, in-12. » 7!
LESSING. Extraits de la *Dramaturgie de Hambourg*, traductio
française littérale et mot à mot, avec notes explicatives, pa
C. MARIE-D'HYER, in-12 . . . . 2 5'

NOUVELLE COLLECTION DE CLASSIQUES ALLEMANDS

TEXTES PUBLIÉS :

Krummacher, Paraboles. . .	1 50	Schiller, Marie Stuart.	» 6(
Gœthe. Hermann et Dorothée.	» 60	— Wallenstein.	1)
Lessing, Minna de Barnhelm..	» 60	— Fiancée de Messine. .	» 6(
Kotzebue, La petite ville alle-		— Jeanne-d'Arc	» 6(
mande	» 60	Le neveu pris pour	
Hoffmann, Le Tonnelier de Nu-		l'oncle	6.!(
remberg	» 60	Chamisso, Pierre Schlemihl. .	». 6(
Schiller. Guillaume-Tell . . .	» 60	De Kleist, Michel Kohlhaas . .	» 6(
Hauff, Lichtenstein.	1 50	Lessing, Laocoon	» 6(

LITTÉRATURE

URBAIN, licencié ès Lettres. Précis d'un cours de littérature,
principes généraux et poétique, in-12 cart. de XII-330 p. . 2 75
URBAIN et JAMEY, licenciés ès Lettres. Etudes historiques et
critiques sur les classiques français du Baccalauréat.
Première partie : Les origines. Formation et histoire de la
langue française, la Chanson de Roland, Joinville, Montaigne, Pascal, La Bruyère, Bossuet, Fénelon, Boileau, La Fontaine, Montesquieu, Voltaire et Buffon, 1 vol. in-12, de 727 pages . . . 4 »
Seconde partie : Corneille, Racine, Molière, 1 vol. in-12 de
787 pages. . . . . 4 »
WYART, professeur au Lycée de Tournon. Questions abrégées de
Littérature et de Rhétorique à l'usage des aspirants au Baccalauréat ès Lettres, 1 vol. in-8 . . . . » 75

Imprimerie de l'Ouest, A. NÉZAN, Mayenne.